BENEFÍCIOS POR INCAPACIDADE
no Regime Geral da Previdência Social

0310

Conselho Editorial
André Luís Callegari
Carlos Alberto Molinaro
Daniel Francisco Mitidiero
Darci Guimarães Ribeiro
Draiton Gonzaga de Souza
Elaine Harzheim Macedo
Eugênio Facchini Neto
Giovani Agostini Saavedra
Ingo Wolfgang Sarlet
Jose Luis Bolzan de Morais
José Maria Rosa Tesheiner
Leandro Paulsen
Lenio Luiz Streck
Paulo Antônio Caliendo Velloso da Silveira
Rodrigo Wasem Galia

R896b   Rubin, Fernando.
Benefícios por incapacidade no regime geral da previdência
social: questões centrais de direito material e de direito proces-
sual / Fernando Rubin. – Porto Alegre: Livraria do Advogado
Editora, 2014.
164 p. ; 23 cm.
Inclui bibliografia.
ISBN 978-85-7348-919-4

1. Benefícios previdenciários. 2. Trabalho – Incapacidade.
3. Acidentes do trabalho. 4. Aposentadoria. 5. Previdência social. 6. Direito material. 7. Direito processual. 8. Contrato de
trabalho. I. Título.

CDU 349.3

CDD 344.810

Índice para catálogo sistemático:
1. Benefícios previdenciários   349.3

(Bibliotecária responsável: Sabrina Leal Araujo – CRB 10/1507)

Fernando Rubin

BENEFÍCIOS POR INCAPACIDADE
no Regime Geral da Previdência Social

Questões centrais de
Direito Material e de Direito Processual

Porto Alegre, 2014

© Fernando Rubin, 2014

Projeto gráfico e diagramação
Livraria do Advogado Editora

Revisão
Rosane Marques Borba

Direitos desta edição reservados por
Livraria do Advogado Editora Ltda.
Rua Riachuelo, 1300
90010-273 Porto Alegre RS
Fone/fax: 0800-51-7522
editora@livrariadoadvogado.com.br
www.doadvogado.com.br

Impresso no Brasil / Printed in Brazil

Dedico este livro aos meus pais, Mercedes Terezinha Zanchetta Rubin e Olavo Rubin, e aos meus avós, Elsa Adami Zanchetta, Segundo Zanchetta (*in memoriam*), Victória Carli Rubin (*in memoriam*) e André Rubin (*in memoriam*).

Nota do autor

A presente obra é fruto de muitas reflexões que a prática do foro e a vida acadêmica nos proporcionaram nos últimos anos em saúde do trabalhador.

O objetivo foi traçar as principais questões, de direito material e processual, relacionadas ao tema da concessão de um benefício por incapacidade junto ao órgão previdenciário estatal, apontando para a complexidade do sistema e indicando, sempre que possível, uma solução lógica e plausível para a situação, inclusive de acordo com o ordenamento constitucional pátrio.

Grandes referências da doutrina especializada e relevantes julgados foram destacados a fim de que o leitor, mesmo o menos familiarizado com a problemática, compreenda de forma mais clara como os pontos previdenciários estão sendo tratados no estado da arte.

Esperamos contribuir com a discussão no campo previdenciário, aproveitando, nesse contexto, o nosso especial carinho pela temática dos acidentes de trabalho e o nosso histórico de formação em processo civil.

Trazemos, enfim, com muito entusiasmo e expectativa, ao conhecimento da comunidade jurídica, o nosso enxuto, mas comprometido, *Benefícios por incapacidade no Regime Geral de Previdência Social – questões centrais de Direito Material e de Direito Processual*, aguardando pelo debate construtivo que pretendemos desenvolver com todos os interessados.

Porto Alegre, início do outono de 2014.

Fernando Rubin
fernando.rubin@direitosocial.adv.br

Prefácio

Os benefícios por incapacidade representam o maior número de processos administrativos e judiciais da área previdenciária. São centenas de milhares de requerimentos todos os anos. Entre indeferidos, concedidos e cessados, representam o maior volume de processos. Mais que isso, representam um grande desafio para os operadores do Direito Previdenciário, tendo em vista que, na maioria, são decididos principalmente com base mais no elemento técnico do que jurídico em si. Por isso mesmo, os benefícios por incapacidade devem ser objeto de estudo e aprofundamento, ou seja, para que se possam encontrar mecanismos de enfrentar as dúvidas e dificuldades da atividade forense relacionada aos benefícios previdenciários.

O forte componente técnico (médico) presente nos benefícios por incapacidade não pode, portanto, induzir o advogado, o servidor, o juiz, a se furtarem da análise jurídica e da valoração da prova, para que o resultado seja justo e coerente. Cada um deve assumir o seu papel para chegar à verossimilhança do direito, sempre no intuito do bem maior, que é a Justiça.

O autor trata dos benefícios com profundidade e, ao mesmo tempo, com clareza ímpar. A obra vai além da abordagem do direito material previdenciário, igualmente importante, incluindo temas processuais que certamente contribuirão para quem se encoraja na defesa dos segurados, bem como para aqueles que já atuam na área.

Nota-se, em toda obra, o valor intrínseco do direito previdenciário como direito social, especialmente para os trabalhadores. O autor chama a atenção para que o Judiciário, como garantidor último do direito ao benefício, tenha também o olhar social sobre o que está a julgar, quando tem em suas mãos a vida de alguém. Sim, o benefício pode ser o divisor entre a vida e a morte, pois quando incapaz e sem benefício o segurado não consegue suprir as suas necessidades básicas e ter as mínimas condições de prover pela sua saúde.

Não causa surpresa a qualidade da obra, pois o autor tem se mostrado capaz de brilhante produção, não apenas em matéria previdenciária, mas também em outras, notadamente processo civil.

Ao passo que parabenizo o autor pela iniciativa, pelo conteúdo e pela linguagem acessível, agradeço a honra de ter sido convidada a prefaciar esta grande obra, que contribuirá para o engrandecimento da doutrina previdenciária.

Jane Lucia Wilhelm Berwanger

Doutora em Direito Previdenciário (PUC-SP).
Presidente do Instituto Brasileiro de Direito Previdenciário (IBDP).
Professora de graduação e diversos cursos nacionais de pós-graduação em
Direito Previdenciário. Autora de diversos livros e artigos nas áreas de
Direito Previdenciário. Advogada.

Sumário

Apresentação – Clóvis Juarez Kemmerich 13

1. Introdução..15

2. Os benefícios por incapacidade e o panorama geral dos benefícios e beneficiários do RGPS...17

3. O auxílio-doença...23

4. O auxílio-acidente..35

5. A aposentadoria por invalidez 43

6. A reabilitação profissional..51

7. Módulo sobre acidentes de trabalho..57

8. Benefícios por incapacidade e repercussão na concessão das aposentadorias previdenciárias...77

9. Benefícios por incapacidade e cumulação de benefícios.............................85

10. Benefícios por incapacidade e prescrição/decadência................................91

11. Benefícios por incapacidade e efeitos no contrato de trabalho.................101

12. Notas sobre competência e procedimento judicial previdenciário (J. Federal) e acidentário (J. Estadual)..111

13. As peculiaridades comuns ao processo previdenciário/acidentário e o esboço de uma teoria geral de procedimentos em Direito Social..............................131

14. Conclusão 151

15. Referências bibliográficas..159

Apresentação

Se pensarmos em *previdência* sem os qualificativos que costumam acompanhar o termo, veremos que se trata de uma ideia básica e, provavelmente, tão antiga quanto a luta pela sobrevivência. O primeiro graveto guardado para o inverno já consistia em um ato de previdência. A formiga de Esopo era *previdente*. A cigarra, não.

Entre a previdência do estado de natureza e a previdência *social*, tal qual a conhecemos, há uma distância que dificilmente seria possível exagerar. Contudo, o que elas têm em comum – a atitude diante do incerto – é o que faz do Direito Previdenciário o ramo do Direito *mais rente à vida*. Mas, um momento, talvez não seja bem assim. Pontes de Miranda não afirma que essa posição cabe ao Direito Processual? E aqui não é o lugar para discutirmos com Pontes de Miranda.

Para a felicidade do leitor, o texto do Professor Fernando Rubin reúne Direito Previdenciário e Direito Processual na medida necessária. Ele busca evitar que os bens da vida pereçam pela falta de conhecimento em uma ou outra área. *Identificação* de direitos e sua *efetivação* se completam. Fernando Rubin tem destacada atuação em ambas as áreas. Bem o sabem aqueles que o conheceram nos bancos acadêmicos, como eu, ou que acompanham a sua atuação profissional no Escritório de Direito Social ou, ainda, os que são seus alunos.

O livro do Professor Rubin trata de importantes questões referentes aos *benefícios por incapacidade*. Estes são devidos quando o segurado da Previdência Social fica impossibilitado, física ou mentalmente, de trabalhar, situação na qual a previdência revela plenamente a sua importância. As questões a que se refere o subtítulo são variadas, pois assim se manifestam, tanto no foro como nas agências da Previdência Social.

First things first. O livro inicia por onde deve: os laços indissociáveis entre Direito Previdenciário, Direito Constitucional, Direito do Trabalho e Direito Processual. O autor está consciente de que a divisão didática não implica funcionamento isolado. Em seguida, trata dos benefícios por incapacidade em espécie, uma a uma. E, após abordar temas importantes como a reabilitação profissional e acidente do trabalho, passa para as questões mais polêmicas, como a repercussão do gozo dos benefícios por incapacidade em futuros requerimentos de aposentadoria ou cumulação de benefícios dessa espécie. Como fecho adequado, são abordadas os aspectos processuais mais relevantes da matéria.

Muitas das questões abordadas estão longe de uma pacificação na jurisprudência, fato que bem demonstra a coragem e a vontade de colaborar com o debate que são traços marcantes de Fernando Rubin.

Com a certeza do valor científico da obra, parabenizo o seu autor e a editora que assumiu a missão de colocá-la à disposição dos leitores.

Clóvis Juarez Kemmerich

Doutor em Direito Processual (UFRGS).
Procurador Federal responsável pelo Núcleo de Atuação Prioritária do INSS
em matéria previdenciária (NAP) da Procuradoria Regional Federal da 4ª Região.
Membro do Conselho Editorial da Revista da AGU.
Professor dos cursos de formação da AGU. Autor de diversos livros
e artigos nas áreas de Direito Processual e Direito Previdenciário.

1. Introdução

Em virtude da nossa atuação profissional, nos últimos dez anos, e da nossa carreira acadêmica, nos últimos cinco anos, formou-se a convicção da importância de um estudo específico e atualizado a respeito dos benefícios por incapacidade, integrantes do Regime Geral da Previdência Social.

Trata-se de campo rico e complexo, em que se deve compreender a lógica do direito infortunístico a partir de suas fecundas e múltiplas relações com o direito constitucional, com o direito previdenciário, com o direito trabalhista e ainda com o direito processual.

Não tivemos a ambição de desenvolver verdadeiro manual de Direito Previdenciário ou manual de Seguridade Social ou quem sabe um manual de Direito Social, mas sim de propor estudo apropriado, de direito material e processual, a respeito dos benefícios pagos pelo INSS em virtude de acidentes e doenças, vinculadas e não vinculadas ao ambiente de labor, aproximando especialmente os conceitos de direito previdenciário e trabalhista nesse âmbito de investigação.

Estudaremos assim o auxílio-doença, o auxílio-acidente e a aposentadoria por invalidez, trazendo à tona as principais questões relacionadas a esses benefícios, buscando na prática do foro e da docência exemplos relevantes. Nessa conjectura, serão tratados alguns destacados pontos de contato com o tema, como a utilização dos benefícios por incapacidade para contagem de tempo de contribuição e para fins de carência com o intuito de viabilizar a concessão de uma aposentadoria previdenciária, a cumulação de benefícios do RGPS, a prescrição/decadência, os efeitos dos benefícios por incapacidade no contrato de trabalho e as principais questões processuais atinentes, como a competência, o procedimento judicial previdenciário e acidentário, bem como as similitudes dos processos tendentes à viabilização de um benefício por incapacidade – inclusive sendo forjado um esboço de uma teoria geral de procedimentos em Direito Social.

O nosso especial interesse pelo campo acidentário, em que já estamos pesquisando por mais tempo[1] e que rendeu inclusive recente publicação editorial,[2] fará com que destaquemos, na obra, um capítulo denominado "módulo sobre acidentes de trabalho", sendo ainda estudado, em momento próximo, o serviço de reabilitação profissional disponibilizado pela Previdência Social.

Antes, porém, a título propedêutico, gostaríamos de forjar algumas noções e conceitos fundamentais, a partir da compreensão das dimensões da Seguridade Social (Saúde, Assistência e Previdência), para que todos os leitores possam acompanhar com maior naturalidade a sequência da obra. Eis a razão pela qual fizemos questão também de explicitar quem são os beneficiários e quais são os grandes benefícios pagos hoje em dia pelo Instituto Nacional do Seguro Social.

Fugindo ao padrão objetivo que se quis empregar à obra, deixemos de desenvolver, em ponto próprio, a parte de formação histórica da Seguridade e da Previdência, no mundo e no Brasil, como também não destacamos amplamente a formação principiológica do sistema.

Vale ainda o registro de que o nosso fascínio pelo processo, com produção editorial mais avançada,[3] fez com que tenhamos ao longo de toda a obra a preocupação em indicar as formas como se pode dar efetividade ao direito material dos trabalhadores vinculados ao RGPS – em demandas na Justiça Estadual e na Justiça Federal, ainda mais cientes do grau de dificuldade que os segurados enfrentam, na prévia via administrativa, para verem resguardados os seus legítimos interesses.

Com este projeto, convidamos a todos os interessados para a análise da obra e reflexão sobre o amplo cabedal de disposições processuais e materiais presentes no âmbito da saúde do trabalhador, com o enfoque no cenário previdenciário.

---

[1] RUBIN, Fernando. Proteção jurídica frente ao acidente de trabalho: medidas preventivas e repressivas. In: *Teatro de sombras*: relatório da violência no trabalho e apropriação da saúde dos bancários. Organizadores Jácéia Aguilar Netz e Paulo Antônio Barros Oliveira. Porto Alegre: Editora SindBancários Publicações, 2011, cap. 8, p. 121/131.

[2] RUBIN, Fernando; ROSSAL, Francisco. *Acidentes de Trabalho*. São Paulo: LTr, novembro/2013.

[3] RUBIN, Fernando. *Fragmentos de processo civil moderno, de acordo com o novo CPC*. Porto Alegre: Livraria do Advogado, 2013; RUBIN, Fernando. *A preclusão na dinâmica do processo civil*. 2. ed. São Paulo: Atlas, 2014.

2. Os benefícios por incapacidade e o panorama geral dos benefícios e beneficiários do RGPS

A Constituição Federal de 1988 regula, especialmente a partir dos arts. 194 e seguintes, as disposições relacionadas à Seguridade Social, compreendendo um conjunto integrado de ações da iniciativa dos Poderes Públicos e da sociedade civil, destinadas a assegurar os direitos relativos à saúde, à assistência e à previdência social.[4]

Vê-se, assim, que o macro-campo da Seguridade Social compreende três dimensões bem destacadas, as quais têm inclusive regulamentação infraconstitucional própria: *a)* a saúde, a cargo do Sistema Único de Saúde, regulamentada pela Lei n° 8.080/90; *b)* a assistência, a cargo do Instituto Nacional do Seguro Social, regulamentada pela Lei n° 8.742/93; e *c)* a previdência, cujo regime geral também é de responsabilidade do Instituto Nacional de Seguro Social, regulamentada pela Lei n° 8.212/91 (Lei de Custeio), Lei n° 8.213/91 (Lei de Benefícios) e Decreto n° 3.048/99 (norma infralegal regulamentadora geral do plano de benefícios e beneficiários do RGPS).[5]

A essa centralizadora autarquia federal denominada INSS compete a organização e o pagamento geral no Brasil de benefícios previdenciários e assistenciais, dentro das hipóteses previstas em lei, descabendo sua atuação direta no atendimento clínico, operatório e medicamentoso, cuja responsabilidade compete a outro órgão, com rede regionalizada/descentralizada e hierarquizada, aberta à população em geral, denominada SUS.[6]

---

[4] MORAES, Alexandre de. *Direito constitucional.* 11. ed. São Paulo: Atlas, 2002, p. 663 e ss.

[5] VIANNA, João Ernesto. *Curso de direito previdenciário.* 6. ed. São Paulo: Atlas, 2013, p. 21 e ss.

[6] TSUTIYA, Augusto Massayuki. *Curso de direito da seguridade social.* 3. ed. São Paulo: Saraiva, 2011, p. 434 e ss.

Os benefícios assistenciais são pagos em condições absolutamente limitadas, para quem não contribui ao sistema previdenciário (estado de miserabilidade evidente), sendo ainda idoso, com idade igual ou superior a 65 anos (B88) ou deficiente/incapaz para o labor por um período mínimo de dois anos (B87).

Já os benefícios previdenciários são pagos para quem financia de alguma forma o regime geral, beneficiando ainda os dependentes diretos desses segurados. Tem-se, assim, que a Previdência é a única dimensão da Seguridade que exige do cidadão uma contraprestação (custeio).

O INSS, nessa maior dimensão, mostra-se como uma grande seguradora pública,[7] sendo oportuno o conceito de Previdência Social como sendo o seguro social para quem efetivamente contribui.[8] Temos então entre os beneficiários do regime previdenciário os segurados e os dependentes, sendo que os segurados são divididos em obrigatórios e facultativos.

O critério para diferenciação dos segurados em obrigatórios e facultativos encontra-se na presunção de remuneração em razão de desenvolvimento de uma atividade profissional: o sistema é capaz de prever que determinados segurados (obrigatórios) exerçam atividade profissional que garanta remuneração, mesmo que variável; e que outros (facultativos) não estejam exercendo atividade remunerada, sendo sua vinculação ao sistema viável, mas desde que expressem manifesto interesse na filiação.

No Brasil, quem exerce atividade profissional que garanta remuneração só não integra a rede previdenciária a cargo do INSS se por expressa disposição de lei forem excluídos do regime geral. Nesse caso, a exclusão se justifica a partir do momento em que tais profissionais estejam amparados por regime próprio de previdência social. É o caso dos militares e dos servidores públicos, por exemplo, conforme regulamentação do art. 13 da Lei n° 8.212/91.

A grande massa de trabalhadores, de qualquer forma, integra o RGPS, sendo que só farão parte de outro regime público (RPPS) se a lei dispuser nesse sentido; nesse caso específico, o órgão responsável pela concessão de benefícios deixa de ser o INSS, passando a ser constituído distinto órgão próprio de previdência, como é exemplo o IPE (Instituto de Previdência do Estado), para os servidores públicos estaduais.

---

[7] PÓVOAS, Manuel Soares. *Seguro e Previdência – na rota das instituições do bem-estar*. São Paulo: Green Forest do Brasil, 2000, p. 211 e ss.

[8] CORREIA, Marcus Orione Gonçalves; CORREIA, Érica Paula Barcha. *Curso de direito da seguridade social*. 5. ed. São Paulo: Saraiva, 2010, p. 29/34.

Pois bem. Focando-nos na grande massa de trabalhadores pátrios, que integram o RGPS, devemos encontrar dentre os segurados obrigatórios: *a)* o empregado celetista, *b)* o empregado doméstico, *c)* o trabalhador avulso, *d)* o contribuinte individual e *e)* o segurado especial.

O empregado celetista, grande beneficiário do RGPS, é aquele que exerce atividade remunerada sob subordinação, prestando serviços de natureza não eventual a empregador, nos termos do art. 3° da CLT.[9] Tem assinada a Carteira de Trabalho da Previdência Social (CTPS) e dado o seu grau de baixa autonomia não é responsável direto pelas suas contribuições previdenciárias ao sistema, cabendo ao empregador o recolhimento.

Muito próximo do empregado celetista encontra-se o empregado doméstico, que tem assinada a CTPS, mas por exercer labor no âmbito residencial, em atividade não lucrativa, possui legislação própria, não sendo regido pela CLT.[10] Também dado o seu grau de baixa autonomia não é responsável direto pelas suas contribuições previdenciárias ao sistema, cabendo ao empregador doméstico o recolhimento.

Já o trabalhador avulso é aquele que presta serviços de natureza urbana ou rural a diversas empresas, não possuindo daí vínculo empregatício, como é exemplo o trabalhador portuário de estiva. Exerce atividade remunerada, subordinada e não eventual, organizada por um sindicato ou mais propriamente um Órgão Gestor de Mão de Obra (OGMO),[11] que também terá a responsabilidade de recolhimento das contribuições previdenciárias do segurado.

Por sua vez, o contribuinte individual, na outra ponta da relação empregatícia, é aquele não subordinado, que, grosso modo, exerce atividade laboral como sócio de empresa (empresário) ou autônomo (profissional liberal).[12] Como o próprio nome indica, tem, por regra, a responsabilidade de recolher diretamente a sua contribuição previdenciária, com a liberdade de recolher sobre o mínimo ou sobre um teto, ciente de que o benefício previdenciário será pago, ao final, justamente sobre a média das suas contribuições ao sistema. Na verdade, o pagamento dos benefícios previdenciários em geral – a formação da Renda Mensal Inicial, RMI – dá-se, desde a Lei n° 9.876/1999, a partir da média aritmética simples de 80% dos maiores salários de contribuição de

---

[9] MARTINS, Sérgio Pinto. *Direito do Trabalho.* 28. ed. São Paulo: Atlas, 2011, p. 139 e ss.

[10] NASCIMENTO, Amauri Mascaro. *Direito contemporâneo do trabalho.* São Paulo: Saraiva, 2011, p. 425.

[11] SCHWARZ, Rodrigo Garcia. *Direito do Trabalho.* Rio de Janeiro: Elsevier, 2009, p. 46 e ss.

[12] SANTOS, Marisa Ferreira dos. *Direito previdenciário esquematizado.* Pedro Lenza (coord.). São Paulo: Saraiva, 2011, p. 132 e ss.

cada segurado, considerado todo o período contributivo (média aritmética simples que exclui então os 20% dos menores salários de contribuição, a que se dá o nome de salário-benefício).[13]

Por fim, o segurado especial é aquele trabalhador rural que desenvolve as suas atividades em regime de economia familiar, para a própria subsistência, como o produtor rural e o pescador artesanal.[14] Deve recolher suas contribuições diretamente ao sistema previdenciário, para ter direito a todos os benefícios, como o contribuinte individual, sendo a base de cálculo dessa contribuição o valor de comercialização de sua produção. Passou a ser considerado segurado obrigatório a partir da CF/88, com a unificação dos regimes de previdência urbano e rural, razão pela qual foi beneficiado por uma espécie de regra de transição, a determinar que, mesmo que não recolha diretamente aos cofres públicos, tenha direito a um número razoável de benefícios, com valor de um salário mínimo, conforme estipula o art. 39, I, da Lei n° 8.213/91.[15]

Além dos segurados obrigatórios, integram o rol de beneficiários do RGPS os segurados facultativos – presumindo o sistema, repite-se, a inexistência ao menos temporária de remuneração desses segurados, aqui incluídos o desempregado, o estudante, o estagiário, o presidiário, o síndico não remunerado e a dona de casa; e os dependentes – dos segurados obrigatórios e facultativos, os quais farão jus a benefício nos termos da lei, respeitada uma hierarquia de três classes: I – integrada pelo núcleo familiar, com cônjuge, companheira ou companheiro, e filhos de até 21 anos ou inválidos de qualquer idade; II – integrada pelos pais; III – integrada pelos irmãos de até 21 anos ou inválidos de qualquer idade.

Cabe ainda o registro inicial de que os segurados obrigatórios se encontram filiados ao regime a partir do momento em que passam a exercer atividade remunerada, e não necessariamente a partir da formalização do pagamento de suas contribuições previdenciárias, daí por que se diz que a filiação é automática e obrigatória.[16]

Já o segurado facultativo, em razão de não estar exercendo atividade remunerada, só tem sua vinculação ao sistema estabelecida a partir de sua formal inscrição e pagamento da primeira contribuição

---

[13] DUARTE, Marina Vasques. *Direito previdenciário*. 7. ed. Porto Alegre: Verbo Jurídico, 2011, p. 119 e ss.

[14] BERWANGER, Jane Lucia Wilhelm. *Previdência rural – Inclusão social*. 2. ed. Curitiba: Juruá, 2011, p . 93 e ss.

[15] BALERA, Wagner; MUSSI, Cristiane Miziara. *Direito Previdenciário*. 9. ed. São Paulo: Método, 2012, p. 64.

[16] VIANNA, João Ernesto. *Curso de direito previdenciário*. 6. ed. São Paulo: Atlas, 2013, p. 24.

previdenciária – sendo em todos os casos responsável direto pelo recolhimento mensal das cifras, com a liberdade de recolher sobre o mínimo ou sobre um teto (o que o aproxima dos contribuintes individuais, embora com aquele grupo de segurados obrigatórios não se confunda – justamente em razão do critério de presunção de remuneração).

Os dependentes não contribuem ao sistema previdenciário, só se apresentando, na verdade, ao INSS, promovendo a sua inscrição, ao tempo de reivindicar a concessão de um benefício previdenciário previsto em lei, de acordo com a opção política explicitada no art. 17 da Lei n° 8.213/91.[17]

Dentre os beneficiários anunciados, seguramente o sistema previdenciário tende a favorecer o grupo que mais possui condições de contribuir para o financiamento. Há, assim, justificativa para que os segurados obrigatórios possam, por exemplo, ficar por maior período sem contribuir para a Previdência sem perder a qualidade de segurado – o chamado "período de graça", para esse grupo especial, pode chegar a 36 meses, desde que o segurado obrigatório faça prova de que se encontra desempregado e de que possui mais de dez anos de contribuição ao INSS.[18]

Esse grande grupo de beneficiários (segurados obrigatórios, facultativos e dependentes) fará jus, desde que cumpra os requisitos legais, a uma rede ampla de benefícios previdenciários e mesmo de serviços, respeitados especialmente os princípios constitucionais da precedência da fonte de custeio, diversidade da base de financiamento, equidade na participação do custeio, seletividade e distributividade na prestação de benefícios e serviços, e universalidade de cobertura e atendimento.[19]

Podemos dividir esse rol de prestações do RGPS ao menos em quatorze benefícios previdenciários e um grande serviço – a reabilitação profissional –, que será objeto de nossa atenção mais à frente nesta obra.

Com relação aos benefícios previdenciários, pensamos ser útil, para fins didáticos, agrupá-los em determinados grupos, quais sejam: *a)* benefícios por incapacidade – objeto central da nossa obra, ligados

---

[17] ROCHA, Daniel Machado da; BALTAZAR JR., José Paulo. *Comentários à lei de benefícios da previdência social.* 10. ed. Porto Alegre: Livraria do Advogado, 2011, p. 101.

[18] DUARTE, Marina Vasques. *Direito previdenciário.* 7. ed. Porto Alegre: Verbo Jurídico, 2011, p. 77/82.

[19] CORREIA, Marcus Orione Gonçalves; CORREIA, Érica Paula Barcha (coords). *Direito previdenciário e Constituição.* Homenagem a Wladimir Novaes Martinez. São Paulo: LTr, 2004, p. 7/8; BERWANGER, Jane Lucia Wilhelm. *Previdência rural – Inclusão social.* 2. ed. Curitiba: Juruá, 2011, p .150 e ss.

ao direito infortunístico,[20] com baixo período de exigência de contribuição para fins de gozo da prestação (carência), variando de 0 a 12 meses, integrado pelo auxílio-doença previdenciário (B31), o auxílio-doença acidentário (B91), o auxílio-acidente previdenciário (B36), o auxílio-acidente acidentário (B94), a aposentadoria por invalidez previdenciária (B32) e a aposentadoria por invalidez acidentária (B92); *b)* benefícios pagos aos dependentes, com carência zero, integrado pela pensão por morte (B21) e auxílio-reclusão (B25); *c)* aposentadorias previdenciárias, com longo período de carência, de no mínimo 180 meses, integrado pela aposentadoria por idade (B41), aposentadoria por tempo de contribuição (B42) e aposentadoria especial (B46);[21] e *d)* benefícios híbridos ou residuais, previstos como benefícios previdenciários pelo art. 7° da CF/88, cujo pagamento geralmente não fica a cargo direto do INSS, como o salário-maternidade (pago, por regra, pelo empregador), o salário-família (pago, por regra, pelo empregador) e ainda o seguro-desemprego (pago pelo ministério do trabalho).[22]

Pelo cenário exposto, vê-se que os benefícios por incapacidade assumem lugar especializado dentro do grupo de benefícios pagos pelo INSS, sendo ainda dedutível a sua relação com o grande serviço disponibilizado pela Previdência Social denominado Reabilitação Profissional.

É por esse caminho que devemos seguir a partir desse momento, fazendo relações com os beneficiários arrolados e com os demais benefícios do RGPS ventilados, sempre que se fizer oportuno.

---

[20] NASCIMENTO, Tupinambá Miguel Castro do. *Curso de direito infortunístico.* 2. ed. Porto Alegre: Sergio Fabris, 1983.

[21] Códigos do sistema previdenciário definidos pela Ordem de Serviço INSS/DISES n° 78, de 09.03.1992 (PEDROTTI, Irineu A.; PEDROTTI, Willian A. *Acidentes do trabalho.* 4. ed. São Paulo: LEUD, 2003, p. 177/178).

[22] MARTINS, Sérgio Pinto. *Direito da seguridade social.* São Paulo: Atlas, 2014. 34ª ed., p. 468.

3. O auxílio-doença

O primeiro grande benefício por incapacidade do Regime Geral da Previdência Social é o auxílio-doença.

Ocorrendo um acidente de qualquer natureza ou um acidente no trabalho (acidente típico, doença ocupacional) ou no trajeto para o trabalho (acidente *in itinere*), é possível que o segurado necessite de um maior período de afastamento para recuperação adequada do quadro infortunístico.[23]

Em se tratando de infortúnio de natureza não laboral, tanto os segurados obrigatórios quanto os segurados facultativos farão jus à prestação, já que nenhum cidadão-contribuinte está livre de, por algum evento não previsto, ficar temporariamente impedido de realizar as suas atividades hodiernas. No caso específico dos segurados obrigatórios, em ocorrendo alguma moléstia, o benefício auxílio-doença comum será sempre devido ao empregado doméstico e ao contribuinte individual, já que estes não possuem, por lei, a opção de percepção de benefício provisório de natureza acidentária.[24]

De fato, no caso específico de acidente de trabalho, nos termos da lei, o empregado celetista é, sem dúvida, o grande segurado obrigatório protegido; sendo que o trabalhador avulso e o segurado especial são os demais únicos segurados obrigatórios do sistema que podem obter a benesse acidentária.[25]

Tomando por base o celetista, a previsão é de que deverá permanecer afastado de suas atividades habituais por mais de quinze dias – pequeno período esse em que cabe ao empregador o ônus de arcar com a remuneração do obreiro, mesmo que não haja prestação de serviço. A partir do 16° dia de afastamento, cabe ao órgão previdenciário con-

---

[23] OLIVEIRA, Sebastião Geraldo de. *Proteção jurídica à saúde do trabalhador*. 5. ed. São Paulo: LTr, 2010, p. 215/224.

[24] GONÇALES, Odonel Urbano. *Manual de direito previdenciário*. São Paulo: Atlas, 1993, p. 82.

[25] COSTA, Hertz J. *Acidentes de trabalho na atualidade*. Porto Alegre: Síntese, 2003, p. 101.

ceder benefício ao empregado lesionado, realizando perícias de rotina para avaliar o desenvolvimento do quadro clínico e as perspectivas de retorno do acidentado ao mercado de trabalho, para a prática da mesma atividade profissional ou para outra compatível com as suas atuais limitações funcionais.

Permanecendo o obreiro por mais de quinze dias afastado do trabalho, será determinada pelo INSS a concessão de um benefício provisório: o auxílio-doença; sendo realmente improvável que se faça a opção imediata pela concessão de um benefício de natureza definitiva – o auxílio-acidente ou até mesmo a aposentadoria por invalidez, a serem mais à frente explicitados.

Em casos mais graves, é de praxe a concessão pelo INSS de certo período para análise das peculiaridades do problema de saúde (quando mantido o segurado em benefício provisório), para um posterior encaminhamento da melhor solução definitiva (quando então cogitada a possibilidade de transformação do benefício provisório em definitivo).

O requerimento de benefício por incapacidade inicial, como aludido, a partir do 16° dia de afastamento, deve ser feito junto à agência do INSS, sendo comum que o empregador tenha estrutura interna capaz de intermediar a relação segurado-órgão previdenciário, auxiliando nesse primeiro contato com a autarquia federal para fins de afastamento do trabalhador por prazo indeterminado do ambiente de trabalho.

Por certo, não é possível qualquer participação do Poder Judiciário em estágio anterior à negativa de benefício na via administrativa, devendo ser oportunizado que perícia, a cargo dos médicos do INSS, avalie primeiramente a condição de saúde do trabalhador. A partir daí, existindo inconformidade do segurado com a decisão administrativa tomada, poder-se-ia admitir o ingresso na via judicial para discussão de lesão a direito (art. 5°, XXXV, CF/88), mesmo sem o exaurimento das instâncias recursais administrativas (Súmula 89 STJ).[26]

Desde já, devemos apontar tópico por demais relevante no estudo do benefício por incapacidade e seu requerimento administrativo, qual seja, a da "perda da qualidade de segurado".

Isto porque, muitas vezes, o segurado tem indeferido benefício por incapacidade na agência do INSS, especialmente o auxílio-doen-

---

[26] STJ Súmula n° 89 – 21/10/1993 – DJ 26.10.1993. Ação Acidentária – Via Administrativa: "A ação acidentária prescinde do exaurimento da via administrativa". Ainda oportuna a lembrança da Súmula TRF da 2ª Região n° 44: "Para a propositura de ações de natureza previdenciária é desnecessário o exaurimento das vias administrativas" (MARTINEZ, Wladimir Novaes. *Comentários às súmulas previdenciárias*. São Paulo: LTr, 2011, p. 223).

ça, não por razão propriamente médica/clínica, mas sim supostamente por razão de ordem formal/burocrática, embora esteja visivelmente incapacitado em razão de determinado problema de saúde.

Pode ocorrer de o trabalhador sofrer um acidente e não pleitear junto ao INSS, àquele tempo, o seu legítimo benefício auxílio-doença. Posteriormente, desempregado e sem melhores perspectivas, decide investigar melhor os seus direitos e então recorre ao sistema previdenciário, momento em que é informado que não pode receber qualquer benefício por incapacidade devido ao fato de não manter mais vínculo com o sistema previdenciário.

Mesmo que se admita que no momento do requerimento do benefício previdenciário não há mais o vínculo entre o segurado e o INSS – em razão da descontinuidade de contribuições previdenciárias pelo segurado e do término do período de graça (período provisório em que o obreiro mantém a qualidade de segurado mesmo sem contribuir mensalmente ao sistema) – o que realmente interessa é se havia o aludido vínculo jurídico ao tempo da ocorrência do evento infortunístico.

É nesse momento – qual seja, do "sinistro" – que deve ser feita a investigação a respeito da qualidade ou eventual perda da qualidade de segurado do trabalhador; e não ao tempo do pedido administrativo. Adota-se esta postura para privilegiar legitimamente o hipossuficiente, mesmo porque é comum que, por ignorância, o cidadão acidentado demore a procurar o seu direito, precisando ter uma espécie de tolerância e sensibilidade do sistema previdenciário.

Nesse sentido leciona Hertz J. Costa ao narrar que:

"A massa trabalhadora é composta, normalmente, de pessoas extremamente humildes, de culturas rudimentares, desinformadas e que apenas quando se acham desempregadas, passando privações e portanto incapacidade, saem à busca dos direitos (...). Justificar que a Previdência Social se livre do pagamento das prestações acidentárias, nas circunstâncias apontadas, só porque transposto o período de graça, significaria negar os preceitos inscritos no art. 5°, XXXVI, e 7°, XXVIII, Constituição Federal, ao lado de considerar-se comportamento iníquo, pois deixa ao desamparo o trabalhador comprometido física e psiquicamente".[27]

Observe-se, ainda nessa conjectura, a verídica exposição de Irineu e William Pedrotti:

"O nosso povo é humilde, trabalhador e o segurado sempre foi carecedor de uma educação regular da lei de acidentes de traba-

---

[27] COSTA, Hertz J. *Acidentes de trabalho na atualidade.* Porto Alegre: Síntese, 2003. p. 203/205.

lho, tanto que em determinados centros os Sindicatos de classe chamam para sim, através dos Departamentos Jurídicos, a responsabilidade da representação do segurado filiado, suprindo-lhe a deficiência técnica".[28]

Ademais, vale o registro, há entendimento jurisprudencial de que mantém a qualidade de segurado aquele que deixou de exercer atividade laboral em razão da incapacidade que deu causa ao afastamento, mesmo que momentaneamente não esteja efetivamente em gozo de benefício auxílio-doença ou aposentadoria por invalidez, conforme se trate de invalidez temporária ou definitiva.[29] Ou seja, se a cessação das contribuições ao sistema decorre do acometimento de doença ocupacional que retira a capacidade laborativa do trabalhador, pode-se cogitar até de manutenção da qualidade do segurado, porquanto a perda da condição de labor enseja a proteção previdenciária.[30]

Ultrapassada a questão formal da existência de qualidade de segurado (ao tempo do infortúnio), tem-se que a regulamentação da concessão do auxílio-doença, na via administrativa, prevê a realização de uma primeira perícia, na qual sendo reconhecida a incapacidade para o trabalho, será concedido ao segurado o benefício provisório, já sendo determinada uma data futura em que provavelmente o trabalhador terá condições de retorno ao labor ("alta programada").

Implantado pelo INSS em 2005, por meio da Orientação Interna 130, o programa da "alta programada", também conhecido como DCB – Data de Cessação do Benefício, no nosso entender de duvidosa legalidade,[31] modificou o procedimento utilizado pelo INSS para a concessão de auxílio-doença aos usuários comprovadamente incapazes para o trabalho.[32]

No que toca à determinação de altas médicas programadas, é de se dizer que tal foi a forma encontrada pelo sistema previdenciário para gerenciamento da prorrogação de benefícios por incapacidade.

---

[28] PEDROTTI, Irineu A.; PEDROTTI, Willian A. *Acidentes do trabalho*. 4. ed. São Paulo: LEUD, 2003, p. 220.

[29] Consultar a respeito: BERNARDO, Leandro Ferreira; FRACALOSSI, William. *Direito previdenciário na visão dos tribunais*. São Paulo: Método, 2009, p. 188/190.

[30] Dentre os paradigmas jurisprudenciais analisados, cabe destaque: TRF4, AC 2007.71.99.006645-8/RS, Rel. Des. Luís Alberto D´Azevedo Aurvalle, Turma Suplementar, j. em 24/10/2007; TRF1, AC 200138000154546, Rel. Juiz Itelmar Raydan Evangelista, Primeira Turma, j. em 10/03/2008.

[31] SANTANA ANDRADE, Verônica Chrithiane de. *Alta programada de perícia médica criada pelo INSS é ilegal*. Extraído do site Conjur: <http://www.conjur.com.br/2008-jun-18/alta_programada_pericia_medica_inss_ilegal>. Acesso em 31.01.2014.

[32] SILVA FILHO, Fernando Paulo da. *Período de benefício não renovado pela previdência social*. Extraído do site Migalhas: <http://www.migalhas.com.br/dePeso/16,MI177133,21048-Periodo+de+beneficio+nao+renovado+pela+previdencia+social+suspensao>. Acesso em 31.01.2014.

Embora haja realmente questionamento judicial quanto à legalidade do procedimento adotado pelo órgão previdenciário,[33] certo é que o procedimento vem sendo nacionalmente mantido, ancorado posteriormente na Instrução Normativa INSS/PRES nº 31, de 10 de setembro de 2008.[34]

Tal sistemática envolve a manutenção de benefício por incapacidade com imediata previsão de data futura para cessação do benefício (fixação do DCB – Data Cessação de Benefício). O segurado faz hoje perícia que reconhece a incapacidade, e já sabe de pronto que teve prorrogado seu benefício por mais um número exato de meses, sendo que se ainda estiver incapacitado naquela data futura, deve ele (segurado) ter a iniciativa de procurar novamente o INSS para uma nova tentativa de manutenção do benefício.

Essa situação pode colocar o segurado em uma situação de constante pressão e angústia, já que mesmo absolutamente incapacitado não tem o direito de permanecer por prazo indeterminado em benefício, até que recupere adequadamente a sua capacidade laborativa. É determinada, então, pelo INSS uma data futura e certa em que o obreiro terá supostamente recuperado sua capacidade de trabalho, cabendo

---

[33] Segue, parte de decisão judicial, que reconhece a ilegalidade do procedimento administrativo de concessão de alta médica programada: "(...) DO MÉRITO. Nessa seara, não é razoável a fixação de prazo para a fruição do benefício auxílio-doença, sob pena de se pôr em risco a sobrevivência dos beneficiários e a de suas famílias, tanto que os arts. 59 e 60 da Lei nº 8.213/91 assim determina: No mesmo passo, assim determina o art. 78 do Decreto nº 3.048/99, que regulamenta as Leis nos 8.212/91 e 8.213/91:Assim, para que o auxílio-doença seja suspenso ou cesse, deve ser verificado se o beneficiário encontra-se capacitado para o trabalho, através da devida perícia, o que cumpre ao INSS de forma contundente e não por mera presunção. Sob outro ângulo, não prospera o argumento de que o segurado pode solicitar exame médico-pericial se não estiver apto para o trabalho ao término do prazo de duração do auxílio-doença, tendo em vista que é dever da Autarquia Previdenciária convocar o segurado para a submissão ao exame, e não o contrário. Posto isso, concedo a tutela antecipada requerida para determinar ao réu que cesse a prática ilegal denominada de "Data de Cessação de Benefício DCB – ou de "Alta Programada", prevista no Decreto nº 5.844/06, não suspendendo os benefícios previdenciários do auxílio-doença antes da constatação do efetivo fim da incapacidade laborativa do segurado beneficiário, através do agendamento de nova perícia médica, nos casos existentes nas suas agências e postos situados nos Estados integrantes do Tribunal Regional Federal da 5ª Região, impondo a multa diária de R$ 1.000,00 (hum mil reais reais) caso haja descumprimento ainda que parcial desta decisão. Intime-se o réu para cumprir esta decisão, citando-o, em seguida, para responder a ação, no prazo legal. Aracaju, 5 de fevereiro de 2009. Juiz Edmilson da Silva Pimenta" (Seção Judiciária do Estado de Sergipe. Processo nº 2008.85.00.002633-8. Ação Civil Pública: 2008.85.00.002633-8.Partes: Autor: Defensoria Pública da União. Réus: Instituto Nacional do Seguro Social).

[34] O INSS, confirmou por intermédio de Instrução Normativa, o COPES – Cobertura Previdenciária Estimada, conhecida como alta programada, pretendendo reduzir o número de perícias médicas, as filas e, consequentemente, melhorar o atendimento. Inúmeras ações foram ajuizadas contra o novo sistema, dentre as quais 16 ações civis públicas, onde foram concedidas algumas medidas liminares. O Superior Tribunal de Justiça, pelo julgado CC 66732, D.J. 02.10.2006, entretanto, cassou todas e manteve o COPES (VIANNA, João Ernesto. *Curso de direito previdenciário*. 6. ed. São Paulo: Atlas, 2013, p. 535).

ao trabalhador provar a manutenção do problema de saúde, em perícia que deva agendar previamente, sob pena de suspensão imediata do benefício de caráter alimentar.

O segurado, chegando em período próximo a da alta futura, tendo provas que permanece incapacitado, deve requerer especificamente no período de quinze dias antes do limite temporal fixado para a alta nova perícia para prorrogação do benefício; sendo negado esse pedido, cabe ainda ao segurado requerer uma reconsideração; mantendo a negativa, ainda é prevista a interposição, na via administrativa, pelo segurado de um apelo à Junta de Recursos.

De fato, a sistemática interna do INSS, um tanto quanto complexa, prevê que dentro de quinze dias da data prevista para cessação do benefício por incapacidade o segurado entre em contato com a agência previdenciária para fins de agendamento de nova perícia, em que será analisado seu Pedido de Prorrogação (PP).[35]

Caso negado esse pedido, o segurado tem direito a novo recurso, agora um Pedido de Reconsideração da decisão tomada pelo perito da autarquia federal (PR), o qual deverá ser interposto em até 30 dias da ciência do resultado negativo do Pedido de Prorrogação. Em caso de nova negativa, há possibilidade de recurso administrativo, também em até 30 dias da última decisão administrativa, para a Junta de Recursos (JRPS) do Conselho de Recursos da Previdência Social (CRPS).

Todo esse procedimento melindroso, levado a cabo pelo INSS, não teria maiores repercussões ao segurado (que efetivamente incapacitado, deve se apresentar junto ao órgão previdenciário para fins de demonstrar a sua incapacidade laboral atual), caso a perícia agendada para análise de PP e PR fosse sempre completa e adequada, sendo apresentados dados objetivos e bem fundamentados das decisões a serem tomadas, para bem ou para mal.

Na prática, embora venham sendo feitos permanentes ajustes nesses procedimentos médicos para a reavaliação das altas médicas programadas, ainda algumas perícias de PP e PR são sumárias, sendo negada a continuidade de benefício sem dados concretos e claros dos resultados dos exames médicos encaminhados pelo segurado à perícia. Todo esse cenário de desgaste na via administrativa acaba repercutindo fatalmente em número maior de demandas judiciais com pedido de

---

[35] Evidentemente que nos casos de Pedido de Prorrogação (PP), e se o INSS não conseguir marcar a perícia antes da data de cessação prevista inicialmente, o órgão previdenciário deve manter o pagamento de benefício ao segurado até que nova perícia possa ocorrer – a respeito, consultar: KRAVCHYCHYN, Gisele Lemos. *Do direito à continuidade de pagamento em casos de pedido de prorrogação do benefício de auxílio-doença* in Revista Jurídica da Universidade do Sul de Santa Catarina n° 7 (2013): 203/210.

antecipação de tutela, cujo objeto é o de restabelecimento liminar do benefício de caráter alimentar, com base na urgência do pleito e nas provas indiciárias de sumariedade da avaliação médica previdenciária, a qual não detectou um problema de saúde que, a toda evidência, se apresentava bem demonstrado documentalmente pelo segurado.

Diga-se, por derradeiro, que em sendo consagrada, no Brasil, a desnecessidade de exaurimento da via administrativa (Súmula 89 STJ), o segurado tem a possibilidade de ingressar com medida judicial, com pedido liminar, inclusive, logo após uma resposta negativa do Pedido de Prorrogação (PP), não sendo crível se exigir do segurado, ao pleitear a urgente manutenção de benefício de caráter alimentar, que aguardasse por prazo indefinido pela resposta da autarquia federal de Pedido de Reconsideração (PR) ou mesmo recurso à Junta de Recursos (JRPS).

Não pode o segurado, no entanto, ir ao Judiciário se o seu benefício está ativo ou se foi determinada data de cessação do benefício, mas ainda não encaminhou o segurado o seu pedido de Pedido de Prorrogação (PP) ou não teve ainda realizada a perícia por profissional do INSS que aponte para a manutenção ou a suspensão do benefício de caráter alimentar.[36] Nessas hipóteses, ainda não há uma negativa administrativa (mínima) que justifique uma irresignação que mereça a pronta intervenção do Poder Judiciário.

Pode o segurado, respeitando esses termos, fazer a opção de recorrer administrativamente, em face de um indeferimento de PP ou PR, e, em havendo demora na solução do imbróglio, propor paralelamente uma demanda judicial, com pedido de tutela antecipada. Forçoso reconhecer, pela nossa experiência na prática previdenciária, que muitas vezes a liminar é deferida em casos em que há demora excessiva na resposta administrativa, mesmo que a causa litigiosa indique flagrantemente para o direito do segurado – como naquelas hipóteses, em que é concedida alta médica pelo INSS e o segurado encontra-se tão incapacitado que a própria empresa, no exame médico de retorno, aponta expressamente, e com maiores detalhes, para a inaptidão do trabalhador, determinando o seu retorno a benefício previdenciário.

O benefício provisório a ser requerido junto ao órgão previdenciário vem previsto na Lei de Benefícios (Lei n° 8.213/91) no artigo 59, *in verbis*:

---

[36] Anota, de maneira geral, Monteiro e Bertagni que a propositura da ação nessas hipóteses só se justifica se a autarquia permanecer por um tempo muito prolongado sem uma definição sobre o término do auxílio-doença (alta médica) ou aposentadoria (MONTEIRO, Antônio Lopes; BERTAGNI, Roberto Fleury de Souza. *Acidentes do trabalho e doenças ocupacionais*. 5. ed. São Paulo: Saraiva, 2009, p. 142).

"O auxílio-doença será devido ao segurado que, havendo cumprido, quando for o caso, o período de carência exigido nesta Lei, ficar incapacitado para o seu trabalho ou para a sua atividade habitual por mais de 15 (quinze) dias consecutivos".

Trata-se de benefício concedido por prazo indeterminado, mantido até que seja formada conclusão segura sobre a estabilização do quadro infortunístico. A partir daí, o *expert* autárquico deve determinar: *a)* o retorno do trabalhador ao mercado de trabalho, quando estiver 100% apto; *b)* encaminhá-lo à reabilitação profissional, quando houver dúvidas sobre a real extensão da sua aptidão ou quando entender oportuno que passe por algum procedimento conservador antes de retorno ao mercado de trabalho;[37] *c)* o retorno do trabalhador ao mercado de trabalho, com a contraprestação do auxílio-acidente, quando estiver apto com restrições definitivas às suas tradicionais atividades laborais; *d)* a transformação do benefício auxílio-doença na aposentadoria por invalidez, quando a convicção é a de que o obreiro não terá mais condições de retorno ao mercado de trabalho para desenvolvimento de atividade laboral que lhe garanta a subsistência.

No entanto, na hipótese de o trabalhador, em gozo de benefício e no aguardo de recuperação clínica, vir a óbito, será transformado o seu benefício auxílio-doença em pensão por morte. A pensão será devida mensalmente aos dependentes do acidentado, a contar da data do óbito, no valor correspondente a 100% do valor da aposentadoria por invalidez que teria direito na data do seu falecimento. Se houver mais de um dependente da mesma classe, a pensão por morte será rateada entre todos em partes iguais.[38]

O auxílio-doença é benefício que substitui a renda do trabalhador, tendo renda mensal inicial (RMI) de 91% do salário-benefício, razão pela qual se percebem, nesse momento, proventos um pouco abaixo daquela auferida "na ativa". Por isso, o segurado no período em que estiver em gozo do benefício não pode se furtar à realização de qualquer perícia administrativa, assim que formalmente notificado pelo INSS,

---

[37] PROCESSUAL CIVIL E PREVIDENCIÁRIO. AGRAVO REGIMENTAL NO AGRAVO EM RECURSO ESPECIAL. AUXÍLIO-DOENÇA. REQUISITOS NECESSÁRIOS. SÚMULA 7/STJ. AGRAVO REGIMENTAL A QUE SE NEGA PROVIMENTO. 1. É devido o auxílio-doença ao segurado considerado parcialmente incapaz para o trabalho, mas suscetível de reabilitação profissional para o exercício de outras atividades laborais. Assentando o Tribunal a quo estarem demonstrados os requisitos necessários à concessão do benefício previdenciário, a alegação em sentido contrário, em sede de recurso especial, exige o exame do acervo fático-probatório, procedimento vedado a teor da Súmula 7/STJ. 2. Agravo regimental a que se nega provimento (STJ, 2ª Turma, Rel. Min. Mauro Campbell Marques, AgRg-AREsp 220768/PB j. em 06.11.2012).

[38] OLIVEIRA, Sebastião Geraldo de. *Proteção jurídica à saúde do trabalhador*. 5. ed. São Paulo: LTr, 2010, p. 230.

sob pena de imediata suspensão do benefício – indicando o art. 77 do Decreto n° 3.048/99 que o segurado só não está obrigado a seguir recomendação de tratamento cirúrgico e a transfusão de sangue, os quais seriam facultativos.[39]

O benefício tem, por regra, carência de doze meses, sendo que tal carência é excluída no caso de comprovação de acidente de trabalho ou quando as incapacidades forem de natureza não acidentária, mas consideradas de alta gravidade – previstas na Instrução Normativa INSS/PRES n° 45, de 06 de agosto de 2010 (art. 152),[40] tais como Tuberculose ativa; Hanseníase; Alienação mental; Neoplasia maligna; Cegueira; Paralisia irreversível e incapacitante; Cardiopatia grave; Doença de Parkinson; Espondiloartrose anquilosante (Doença inflamatória aguda); Hepatopatia grave: (insuficiência crônica do fígado); Nefropatia grave (insuficiência crônica dos rins); Estado avançado da doença de Paget (osteíte deformante); Síndrome da Imunodeficiência Adquirida (HIV); e Contaminação por radiação (com base em conclusão da medicina especializada, a desencadear leucemia ou outros tipo de câncer).[41]

Nos casos então em que não há necessidade de carência, para fins de percepção do benefício previdenciário, basta ao segurado comprovar a sua qualidade de segurado ao tempo do início da lesão incapacitante – demonstrando, assim, que a sua incapacidade é proveniente de infortúnio desencadeado em momento posterior a sua vinculação ao regime do INSS.[42] De fato, não será devido o auxílio-doença ao segurado que se filiar ao RGPS já portador da lesão invocada como causa para a saída em benefício provisório, salvo quando a incapacidade sobrevier por motivo de progressão ou agravamento dessa lesão.[43]

---

[39] PAIXÃO, Floriceno; PAIXÃO, Luiz Antônio C. *A previdência social em perguntas e respostas*. 40. ed. Porto Alegre: Síntese, 2004, p. 128.

[40] Informações retiradas do site Dataprev <http://www3.dataprev.gov.br/sislex/paginas/38/inss-pres/2010/45_1.htm>. Acesso em fevereiro/2014.

[41] AGRAVO DE INSTRUMENTO. PREVIDENCIÁRIO. AUXÍLIO-DOENÇA. CONCESSÃO. CARÊNCIA. NEOPLASIA MALIGNA. DESNECESSIDADE. ART. 151 DA LEI DE BENEFÍCIOS. 1. Para a concessão da antecipação dos efeitos da tutela, é necessária a presença dos requisitos previstos no art. 273 do CPC, quais sejam: a verossimilhança das alegações e o *periculum in mora*. 2. A cardiopatia grave isenta da carência contributiva para fins de concessão de auxílio-doença, nos termos do art. 151 da Lei n° 8.213/91. 3. O benefício alimentar, na proteção da subsistência e da vida, deve prevalecer sobre a genérica alegação de dano ao erário público mesmo ante eventual risco de irreversibilidade – ainda maior ao particular, que precisa de verba para a sua sobrevivência. (TRF4, Agravo De Instrumento n° 0024458-83.2010.404.0000, 6ª Turma, Des. Federal Luís Alberto D Azevedo Aurvalle, por unanimidade, D.E. 19/11/2010).

[42] PEDROTTI, Irineu A.; PEDROTTI, Willian A. *Acidentes do trabalho*. 4. ed. São Paulo: LEUD, 2003, p. 118.

[43] PROCESSUAL CIVIL – PREVIDENCIÁRIO – AGRAVO PREVISTO NO ART. 557, § 1°, DO CPC – APOSENTADORIA POR INVALIDEZ – PREEXISTÊNCIA. DESCARACTERIZAÇÃO. I – O laudo pericial aponta que a enfermidade que acomete o autor lhe acarreta limitação para

Em sendo acidentário, o auxílio-doença leva do sistema o código 91, sendo usualmente conhecido como "B91"; diferenciando-se assim do benefício de natureza não acidentária (*rectius*: natureza previdenciária), o qual leva do sistema o código 31, sendo usualmente conhecido como "B31".

Dentre as grandes causas que motivam a concessão do B31 temos hoje no Brasil os acidentes de trânsito e os acidentes domésticos; já dentre os infortúnios que motivam a saída em B91 devemos lembrar as lesões por esforços repetitivos (LER) e as quedas ocorridas no ambiente de trabalho.

O empregado conhecedor dos seus direitos sabe, desde esse momento de requerimento administrativo de benefício, quais são as importantes diferenças entre um "B91" e um "B31", e que motivam o pedido expresso para que haja a concessão do primeiro, a partir do reconhecimento da natureza acidentária do benefício provisório pleiteado. Ocorre que somente o auxílio-doença acidentário ("B91") confere um ano de estabilidade ao obreiro após retorno deste ao ambiente de trabalho, bem como somente o auxílio-doença acidentário ("B91") obriga o empregador a efetuar o depósito do FGTS na conta do empregado pelo período que o mesmo se mantenha vinculado ao órgão previdenciário – sendo as aludidas vantagens previstas, respectivamente, no art. 118 da Lei n° 8.213/91 e no art. 15, § 5°, Lei n° 8.036/90.[44]

Esses dois grandes resultados autorizam, aliás, que se recorra administrativamente ou se ingresse judicialmente, de imediato, tão somente para conversão do benefício provisório previdenciário em acidentário, já que mesmo que a perícia administrativa acabe por reconhecer a extensão da incapacidade (a "inaptidão"), se não reconhece a natureza acidentária da benesse (o "acidente de trabalho"), passa a

---

atividades laborativas de natureza total e permanente. II – O afastamento do trabalho deu-se em razão da progressão ou do agravamento de sua doença, fato este que afasta a alegação de doença preexistente e autoriza a concessão do benefício, nos termos do § 2°, do art. 42, da Lei 8.213/91. III – Agravo previsto no art. 557, § 1°, do CPC, interposto pelo INSS, improvido (TRF da 3ª Região, Proc. 0011381-73.2011.4.03.9999-SP, 10ª T., Rel.: Des. Fed. Baptista Pereira, j. em 14/01/2014, e-DJF3 22/01/2014).razão da progressão ou do agravamento de sua doença, fato este que afasta a alegação de doença preexistente e autoriza a concessão do benefício, nos termos do § 2°, do art. 42, da Lei 8.213/91. III – Agravo previsto no art. 557, § 1°, do CPC, interposto pelo INSS, improvido." (TRF da 3ª Região, Proc. 0011381-73.2011.4.03.9999-SP, 10ª T., Rel.: Des. Fed. Baptista Pereira, j. em 14/01/2014, e-DJF3 22/01/2014).

[44] ACIDENTE DE TRABALHO. AUXÍLIO-DOENÇA PREVIDENCIÁRIO. CONVERSÃO EM BENEFÍCIO ACIDENTÁRIO. CABIMENTO. INTERESSE DE AGIR EVIDENCIADO. SENTENÇA EXTINTIVA DO PROCESSO DESCONSTITUÍDA. O auxílio-doença acidentário possibilita a estabilidade de emprego e o depósito do FGTS, evidenciando o interesse de agir da demandante que postula a conversão da natureza do benefício previdenciário em acidentário. Decreto de carência de ação afastado. Sentença desconstituída. (Apelação Cível n° 70020776845, Décima Câmara Cível, Tribunal de Justiça do RS, Relator: Paulo Antônio Kretzmann, Julgado em 18/10/2007).

trazer prejuízo de alguma ordem significativa ao empregado/segurado, o que pode possibilitar, por si só, o ingresso com demanda judicial.[45] Nessa hipótese, de discussão exclusiva da natureza acidentária do benefício concedido, a interposição de recurso na via administrativa é uma mera faculdade, e não uma obrigação imposta ao segurado, que perfeitamente já poderia então acessar o Judiciário – justamente em face do teor da já anunciada Súmula 89 STJ.

Vê-se, pelas informações prestadas a respeito deste importante benefício, que o mesmo tem ampla saída nas agências do INSS, ainda mais o B31, tendo em conta envolver número bem superior de segurados habilitados a sua percepção. Ademais, o benefício assistencial por deficiência (B87), mencionado no início do nosso estudo, com ele não pode ser confundido, já que o LOAS é requerido por quem não é segurado (obrigatório ou facultativo) do sistema, sendo limitado o seu pagamento a um salário mínimo, não autorizando a concessão de pensão por morte e nem pagando a gratificação natalina (denominado de "abono anual" – nos termos do art. 40 da Lei n° 8.213/91). Ademais, o B87 somente é pago quando comprovado o quadro de miserabilidade do beneficiário e constatada a sua incapacidade por período mínimo de dois anos, sendo que o B31 já é pago a partir do 16° dia de incapacidade, frisemos – tudo a apontar que o sistema privilegia sobremaneira o cidadão que pode contribuir para a previdência, integrando as suas fileiras como segurado ativo do INSS.

---

[45] APELAÇÃO REEXAME NECESSÁRIO. ACIDENTE DE TRABALHO. INSS. CONVERSÃO DE AUXÍLIO-DOENÇA PREVIDENCIÁRIO EM AUXÍLIO DOENÇA ACIDENTÁRIO. POSSIBILIDADE. NEXO CAUSAL COMPROVADO. INTERESSE DE AGIR DO POSTULANTE. 1. Verificando-se que somente os benefícios de natureza acidentária conferem ao segurado a garantia de emprego, conforme disposto no artigo 118, da Lei n. 8213/1991, não há falar em ausência de interesse de agir ao ser pleiteada a conversão do benefício de natureza previdenciária em acidentária. 2. Comprovado o nexo causal entre a atividade funcional desenvolvida pelo autor e a moléstia que gerou o pagamento de benefício pelo INSS, mostra-se adequada à conversão do auxílio doença previdenciário em auxílio doença acidentário (...). PRELIMINAR REJEITADA. APELO PARCIALMENTE PROVIDO (Apelação e Reexame Necessário n° 70035651082, Nona Câmara Cível, Tribunal de Justiça do RS, Relator: Mário Crespo Brum, Julgado em 08/07/2010).

4. O auxílio-acidente

Diversamente do auxílio-doença, o auxílio-acidente é benefício definitivo do sistema, concedido quando formada convicção de que a lesão é irreversível e irá trazer prejuízo definitivo ao obreiro, representando *deficit* funcional significativo, que embora não o impeça de desenvolver atividade laboral, é suficiente para diferenciá-lo de outro trabalhador sem qualquer tipo de sequela.

É benefício, não sujeito à carência, concedido em caso de reconhecimento de invalidez parcial do trabalhador para as atividades habituais que exercia antes do evento infortunístico, estando previsto no art. 86 da Lei 8.213/91, *in verbis*:

"O auxílio-acidente será concedido, como indenização, ao segurado quando, após consolidação das lesões decorrentes de acidente de qualquer natureza, resultarem seqüelas que impliquem redução da capacidade para o trabalho que habitualmente exercia".

O art. 104 do Decreto n° 3.048/99 nos explicita, de maneira mais objetiva, as circunstâncias autorizadoras da concessão do benefício:

"O auxílio-acidente será concedido, como indenização, ao segurado empregado, exceto o doméstico, ao trabalhador avulso e ao segurado especial quando, após a consolidação das lesões decorrentes de acidente de qualquer natureza, resultar seqüela definitiva, conforme as situações discriminadas no anexo III, que implique: I – redução da capacidade para o trabalho que habitualmente exerciam; II – redução da capacidade para o trabalho que habitualmente exerciam e exija maior esforço para o desempenho da mesma atividade que exerciam à época do acidente; ou III – impossibilidade de desempenho da atividade que exerciam à época do acidente, porém permita o desempenho de outra, após processo de reabilitação profissional, nos casos indicados pela perícia médica do Instituto Nacional do Seguro Social".[46]

---

[46] VILELA VIANNA, Cláudia Salles. *Previdência Social – custeio e benefícios*. 2. ed. São Paulo: LTr, 2008, p. 474.

Como se infere da parte inicial do dispositivo infralegal, o auxílio-acidente é concedido ao mesmo grupo de segurados obrigatórios que fazem jus ao auxílio-doença de natureza acidentária (segurados obrigatórios: celetista, trabalhador avulso e segurado especial), o que estimula certa confusão entre as prestações,[47] que visivelmente possuem distinções, como seguiremos aprofundando.

Daniel Machado da Rocha e José Paulo Baltazar Junior bem explicam que a origem da confusão remonta ao fato de, na redação original da Lei de Benefício, apenas ser devido o auxílio-acidente nos casos em que caracterizado o acidente de trabalho – quando então a restrição no âmbito subjetivo até poderia ser compreendida; entretanto, a partir da extensão promovida para os acidentes de qualquer natureza, a limitação subjetiva (dos segurados obrigatórios aptos à percepção da prestação) torna-se difícil de ser justificada.[48]

O auxílio-acidente é benefício definitivo, concedido então a partir da alta do benefício provisório (auxílio-doença), com renda mensal inicial (RMI) de 50% salário-benefício, abarcando casos de acidente de trabalho e também acidentes de qualquer natureza. Pode ocorrer que essa alta do benefício provisório coincida com a finalização do procedimento de reabilitação profissional junto ao INSS, quando o obreiro recebe a contraprestação a partir do reconhecimento, realizado no centro de reabilitação, de que possui *deficit* funcional para o seu labor habitual.

Tal observação é valiosa porque o art. 104 do Decreto n° 3.048/99 menciona no seu § 4°, inciso II, que o benefício auxílio-acidente não será devido se houver mudança de função, mediante readaptação profissional promovida pela empresa. Ora, tal "reabilitação" não é então promovida pelo INSS, e sim pela empresa; mais: a readaptação, nesse caso, deve ser determinada como medida preventiva, em estágio inicial do problema de saúde, não quando o mesmo já possui natureza crônica, cenário em que efetivamente o obreiro fará jus à prestação previdenciária[49] – valendo, desde já, a referência de que o encaminhamento

---

[47] PAIXÃO, Floriceno; PAIXÃO, Luiz Antônio C. *A previdência social em perguntas e respostas*. 40. ed. Porto Alegre: Síntese, 2004, p. 150.

[48] ROCHA, Daniel Machado da; BALTAZAR JR., José Paulo. *Comentários à lei de benefícios da previdência social*. 10. ed Porto Alegre: Livraria do Advogado, 2011, p. 293.

[49] APELAÇÃO CÍVEL E REEXAME NECESSÁRIO. AUXÍLIO-ACIDENTE. READAPTAÇÃO PROFISSIONAL. LESÃO CONSOLIDADA EM RAZÃO DE INFORTÚNIO LABORAL. REDUÇÃO DA CAPACIDADE LABORATIVA. CONCESSÃO. Nos termos do art. 104, inc. II, § 4°, do Decreto n° 3.048/99, não dará ensejo ao benefício de auxílio-acidente a mudança de função, mediante readaptação profissional promovida pela empresa, "como medida preventiva, em decorrência de inadequação do local de trabalho". Contudo, no caso sub judice, a autora só foi reabilitada após sofrer o acidente de trabalho que culminou com a redução de sua capacidade laborativa, situação diversa daquela prevista no referido dispositivo. Sentença mantida (...) APELAÇÃO DESPROVIDA. SENTENÇA PARICALMENTE REFORMADA EM REEXAME NECES-

do segurado à reabilitação profissional do INSS atende a um pedido do perito autárquico nas avaliações de rotina, quando o segurado já está, por um significativo período, em benefício auxílio-doença e não tem condições de retorno imediato ao mercado de trabalho.

O auxílio-acidente é benefício que excepcionalmente não substitui a renda do trabalhador, mas sim complementa a renda, podendo, por isso, ser cumulado com a remuneração paga pelo empregador ao tempo de retorno do obreiro ao mercado de trabalho. E também pode ser pago conjuntamente com grande parte dos benefícios do RGPS, como o salário-maternidade e o seguro-desemprego, por exemplo. Justifica-se pelo fato de o trabalhador acidentado, com incapacidade parcial para o trabalho, não ter condições de obter o mesmo rendimento/produtividade que teria caso sua capacidade de trabalho estivesse plena.

Por tais razões, menciona-se com frequência que tal benesse é uma espécie de indenização do sistema previdenciário, que pode ter valor inferior ao salário mínimo nacional,[50] e que perdura até o momento em que o empregado venha a perceber a sua aposentadoria previdenciária pelo Regime Geral de Previdência Social (deixando em definitivo o mercado de trabalho) – tal é a previsão do nosso sistema previdenciário contemporâneo, a partir de modificação do teor do § 1° do art. 86 da Lei n° 8.213/91, em face da publicação da Lei n° 9.528/97.[51]

Tendo em vista justamente a natureza indenizatória da prestação, acreditamos que o trabalhador em gozo exclusivo do auxílio-acidente e que venha a óbito não reúna condições de deixar aos dependentes o direito à pensão por morte.[52]

Como se percebe da legislação previdenciária vigente, o auxílio-acidente é pago sempre que restar configurada invalidez parcial, sendo que o grau de sequela desimporta para fins de concessão do benefício. Tal cenário vige a partir da Lei n° 9.032/95, já que anteriormente havia previsão para pagamento do auxílio-acidente de acordo com o grau da sequela, em 30%, 40% e até 60% do salário-benefício, diante, respectivamente, de prejuízo mínimo, médio e máximo às tradicionais

---

SÁRIO. (Apelação e Reexame Necessário n° 70041894379, Décima Câmara Cível, Tribunal de Justiça do RS, Relator: Paulo Roberto Lessa Franz, Julgado em 26/05/2011).

[50] ALENCAR, Hermes Arrais. *Cálculo de benefícios previdenciários – Regime Geral de Previdência Social*. 5. ed. São Paulo: Atlas, 2013, p. 331.

[51] BALERA, Wagner; MUSSI, Cristiane Miziara. *Direito Previdenciário*. 9. ed. São Paulo: Método, 2012, p. 209.

[52] O benefício em tela não gera pensão aos beneficiários dependentes, cessando, pois, com o óbito do segurado, por ser essencialmente *intuitu personae*. (COSTA, Hertz J. "Auxílio-Acidente" extraído do *site* Acidentes do Trabalho <www.acidentedotrabalho.adv.br/doutrina/02.htm>, acesso en 12.04.2014).

condições de labor do obreiro. Também, nesse diapasão, interessante referirmos que mais antigamente, nas hipóteses de sequela reduzidíssima, embora existente, era determinado o pagamento pelo sistema do benefício auxílio-suplementar, com renda mensal inicial de 20% do salário-benefício.[53]

Atualmente, existindo sequela parcial, de qualquer ordem,[54] o único benefício por incapacidade previsto é o auxílio-acidente, com RMI de 50% salário-benefício. Em recentíssimo posicionamento jurisprudencial, houve confirmação desse entendimento com o qual compactuamos:

"Ainda que a lesão seja de grau mínimo, o segurado faz jus à proteção acidentária, consoante entendimento jurisprudencial consolidado pelo STJ, por ocasião do julgamento do REsp nº 1.109.591/SC, sob o rito do art. 543-C do CPC; o Regulamento da Previdência Social não pode limitar o direito dos segurados, impondo condições especiais que a Lei nº 8.213/1991 não exige para a implementação de benefícios, mormente porque a lei de regência não faz distinção entre as espécies e os tipos de lesões; o fator essencial à implementação do auxílio-acidente decorrente de infortúnio laboral é a redução da capacidade de trabalho do segurado".[55]

---

[53] APELAÇÃO CÍVEL. ACIDENTE DE TRABALHO. AMPUTAÇÃO PARCIAL DO DEDO INDICADOR DA MÃO DIREITA (DOMINANTE). TEMPUS REGIT ACTUM. APOSENTADORIA. CUMULAÇÃO DESCABIDA. AUXÍLIO-SUPLEMENTAR DEVIDO ATÉ A DATA DA CONCESSÃO DA APOSENTADORIA POR INVALIDEZ PREVIDENCIÁRIA. De acordo com a orientação desta 9ª Câmara Cível, seguindo precedente oriundo do Tribunal Pleno do STF, os benefícios previdenciários deverão ser regidos pela lei vigente na época da sua concessão. Observância do princípio tempus regit actum. Hipótese em que o conjunto fático-probatório dos autos permite a verificação da redução da capacidade laborativa do obreiro, sobretudo com base nas conclusões da perícia médica judicial, diante da amputação parcial do dedo indicador da mão direita do autor (dominante). Incidente à espécie a Lei nº 6.367/76, fazendo jus o segurado ao auxílio-suplementar previsto no artigo 9º do referido diploma, pois a redução da sua capacidade de trabalho, em grau mínimo, não lhe impediu o exercício das suas atividades laborativas habituais. Assim, considerando que o termo inicial do benefício de auxílio-suplementar é dezembro de 1984, devido até a concessão da aposentadoria em 05.02.2007, haja vista a impossibilidade de cumulação entre os benefícios, e, considerando a data do ajuizamento da presente demanda, em 29.08.2007, são devidas as parcelas vencidas não atingidas pela prescrição, a contar de 29.08.2002, até a data da concessão da aposentadoria, em 05.02.2007. APELO PARCIALMENTE PROVIDO. (Apelação Cível nº 70046489423, Nona Câmara Cível, Tribunal de Justiça do RS, Relator: Leonel Pires Ohlweiler, Julgado em 27/06/2012).

[54] PREVIDENCIÁRIO. AUXÍLIO-ACIDENTE. REDUÇÃO MÍNIMA DA CAPACIDADE LABORAL. 1. O direito ao benefício de auxílio-acidente independe do grau de redução da capacidade de laboral, bastando que se certifique essa redução, ainda que o segurado continue a trabalhar na mesma atividade. 2. Recurso e remessa oficial improvidos (TRF 4ª Região, 6ª Turma, Apelação Cível/Reexame necessário nº 5000624-30.2011.404.7016, Rel. Des. Paulo Paim da Silva, D.E 29.04.2013).

[55] AGRAVO RETIDO. NÃO REITERADO. Não comporta conhecimento agravo retido que não foi reiterado por ocasião das razões de recurso adesivo. Inteligência do art. 523, § 1º, do CPC. Agravo retido não conhecido. APELAÇÃO CÍVEL. RECURSO ADESIVO. REEXAME NECESSÁRIO. AÇÃO ACIDENTÁRIA. INSS. SEQUELA DE TRAUMATISMO DE MÃO. NEXO CAUSAL E REDUÇÃO DA CAPACIDADE LABORAL CONFIGURADOS. BENEFÍCIO DEVIDO. Hipótese dos

O auxílio-acidente como benefício por incapacidade que é, pode ter a sua natureza acidentária ou previdenciária: no primeiro caso leva do sistema o código 94, sendo usualmente conhecido como "B94"; diferenciando-se assim do benefício de natureza não acidentária (*rectius*: natureza previdenciária), o qual leva do sistema o código 36, sendo usualmente conhecido como "B36".

Portanto, quando falamos no benefício definitivo auxílio-acidente, nos termos da legislação previdenciária atual, não estamos necessariamente referindo que a origem do problema de saúde relaciona-se ao acidente de trabalho. Não! O auxílio-acidente pode ter natureza acidentária ou comum.[56]

Não há também a figura do "auxílio acidentário", como não raro mencionado na prática do foro: o que temos, nesse contexto, é o auxílio-doença acidentário (B91) ou o auxílio-acidente acidentário (B94) – nas hipóteses, respectivamente, de incapacidade provisória total e incapacidade definitiva parcial. Por isso que comumente preferimos tratar do benefício por incapacidade e logo mencionar o seu código, a fim de que não haja qualquer tipo de incompreensão quanto à prestação de que estamos tratando.

A única hipótese legal em que o auxílio-acidente terá exclusiva natureza acidentária cinge-se aos problemas de perda auditiva (PAIR).[57] Ocorre que o central art. 86 da Lei nº 8.213/91, no seu § 4º, é expresso ao registrar que "a perda da audição, em qualquer grau, somente proporcionará a concessão do auxílio-acidente, quando, além do reconhecimento de causalidade entre o trabalho e a doença, resultar, comprovadamente, na redução ou perda da capacidade para o trabalho que

---

autos em que o obreiro sofreu um traumatismo na mão, em razão de típico acidente do trabalho. De rigor, reconhecer que a sequela ortopédica acarretou um déficit funcional, que ocasionou prejuízos ao desempenho da atividade profissional do infortunado, especialmente porque a prova pericial diagnosticou a presença de sequela ortopédica consolidada, que ocasionou a diminuição da capacidade específica (...) AFASTADA NORMA DECLARADA INCONSTITUCIONAL, DE OFÍCIO, EM VOTO MÉDIO. À UNANIMIDADE, AGRAVO RETIDO NÃO CONHECIDO. RECURSOS DESPROVIDOS, CONFIRMANDO, NO MAIS, A SENTENÇA EM REEXAME NECESSÁRIO. (Apelação e Reexame Necessário Nº 70057913675, Nona Câmara Cível, Tribunal de Justiça do RS, Relator: Tasso Caubi Soares Delabary, Julgado em 31/01/2014).

[56] Para fins de reforço, útil a explicação de Sérgio Pinto Martins: "Mostra o art. 86 da Lei nº 8.213 que o acidente é de qualquer natureza, o que é bastante amplo, não mais mencionando apenas acidente de trabalho ou doença do trabalho e doença profissional. Isso evidencia que tanto faz se o segurado se acidenta no trabalho ou fora dele, pois terá direito ao auxílio-acidente. Indica que o benefício não é exclusivamente acidentário. Acidente de qualquer natureza tem de ser interpretado de acordo com a condição mais favorável ao segurado. Dessa forma, será pago o auxílio-acidente se decorrer de acidente comum (de qualquer natureza)" (MARTINS, Sérgio Pinto. *Direito da seguridade social*. 34. ed. São Paulo: Atlas, 2014, p. 446).

[57] NOVAES FILHO, Wladimir – organizador. *Avaliação de incapacidade laborativa – benefícios previdenciários, normas técnicas*. São Paulo: LTr, 1998, p. 105 e ss.

habitualmente exercia". Nesse contexto, mesmo se restar demonstrado que há perda auditiva do obreiro que traga invalidez parcial, em não sendo confirmado o nexo causal, o benefício por incapacidade não será devido.[58]

Pois bem. Se o trabalhador se afasta do trabalho em razão de um acidente de trabalho típico grave (perde de segmento da mão, por ex.), normalmente deve requerer na via administrativa o benefício provisório (auxílio-doença) e após a verificação da consolidação do quadro, pode ter reconhecido pelo INSS a redução de sua capacidade de trabalho com a transformação do benefício provisório auxílio-doença acidentário (B91) no benefício definitivo auxílio-acidente acidentário (B94).

De fato, como mencionado anteriormente, o auxílio-doença, por ser benefício provisório, é a prestação por incapacidade naturalmente concedida quando há algum evento infortunístico que determine o afastamento do trabalhador das suas atividades laborais. Se o trabalhador se afasta do ambiente de labor em razão de um acidente de ordem não laboral (perda da visão de um dos olhos por disparo acidental, por ex.), da mesma forma deve requerer na via administrativa o benefício provisório e após verificação da consolidação do quadro e da invalidez parcial para as atividades profissionais que desempenhava habitualmente, pode obter a transformação do benefício provisório auxílio-doença comum (B31) no benefício definitivo auxílio-acidente previdenciário (B36).

No entanto, nota-se certa resistência do órgão previdenciário em determinar administrativamente a concessão do benefício definitivo (auxílio-acidente), a partir da alta do anterior benefício provisório (auxílio-doença),[59] o que acarreta na delicada situação do trabalhador, com

---

[58] APELAÇÃO CÍVEL. ACIDENTE DE TRABALHO. AÇÃO ACIDENTÁRIA. PRELIMINAR. REALIZAÇÃO DE NOVA PERÍCIA MÉDICA. DESNECESSIDADE. LAUDO QUE ESCLARECEU AS CIRCUNSTÂNCIAS RELEVANTES PARA O DESLINDE DO FEITO. CONCESSÃO DE AUXÍLIO-ACIDENTE. PAIR. SURDEZ OCUPACIONAL NÃO DEMONSTRADA. AUSENTE NEXO DE CAUSALIDADE. SENTENÇA MANTIDA. 1. PRELIMINAR: O profissional indicado para a realização da perícia médica pelo DMJ é especialista em otorrinolaringologia, portanto apto a emitir um parecer técnico capaz de viabilizar a tomada da solução justa e de forma segura. 2. AUXÍLIO-ACIDENTE: Inviável, no caso, conceder auxílio-acidente, pois não há prova do nexo de causalidade entre a redução auditiva do autor e sua atividade laboral. Como exige a lei – e o STJ –, para concessão do auxílio-acidente há que ter, embora não importe o grau, redução da capacidade para o trabalho, bem como a comprovação do nexo de causalidade entre a doença e a atividade laboral, o que, no caso, não restou demonstrado. PRELIMINAR REJEITADA E APELAÇÃO DESPROVIDA. (Apelação Cível nº 70057458705, Nona Câmara Cível, Tribunal de Justiça do RS, Relator: Eugênio Facchini Neto, Julgado em 31/01/2014).

[59] PREVIDENCIÁRIO E PROCESSO CIVIL. AUXÍLIO-ACIDENTE PRECEDIDO DE AUXÍLIO-DOENÇA. INTERESSE DE AGIR. PRÉVIO REQUERIMENTO ADMINISTRATIVO. DESNECESSIDADE. 1. Nos casos de concessão de auxílio-acidente em que o segurado já gozava de auxílio-doença (cessado sem a devida conversão em auxílio-acidente) é dispensado prévio reque-

deficit funcional permanente, ser devolvido ao mercado de trabalho sem qualquer contrapartida do sistema, como se estivesse 100% apto para todo e qualquer labor.

Certamente, tal medida vem incrementada pela falta de uma melhor estrutura do INSS para análise de todos os casos, principalmente devido ao grande número de segurados lesionados que ingressam em benefício por incapacidade todos os dias. Tal situação gera uma quantidade enorme de demandas judiciais, em que o trabalhador busca o legítimo benefício de caráter indenizatório (auxílio-acidente), que poderia com tranquilidade ter sido deferido na via administrativa.

Aliás, a própria legislação, ao que parece, e mesmo de modo não exaustivo, tentou dar subsídios ao órgão previdenciário para administrativamente já conceder o benefício auxílio-acidente, quando devido – o Anexo III do Decreto n° 3.048/99 arrola as principais situações que dão direito à benesse, relacionados a *deficit* em aparelho visual, aparelho auditivo, aparelho da fonação, prejuízo estético, perdas de segmentos de membros, alterações articulares, encurtamento de membro inferior, redução da força e/ou da capacidade funcional dos membros, dentre outros.[60]

Esta realidade determina que não seja exigida para o benefício definitivo (auxílio-acidente) a mesma formalidade processual exigida para o benefício provisório (auxílio-doença), qual seja, o prévio requerimento administrativo. A jurisprudência dos tribunais pátrios entende que, sendo notória a resistência do órgão previdenciário na concessão administrativa do benefício definitivo, o requerimento do auxílio-acidente pode ser feito imediatamente perante o Poder Judiciário.[61] Tal circunstância é atenuada pelo fato de que o INSS deveria já ter tido a oportunidade para encaminhar administrativamente uma solução definitiva, e pelo fato de que judicialmente se fará necessária uma perícia oficial para fins de confirmação da invalidez parcial.

---

rimento administrativo, não havendo que se falar em falta de interesse de agir, pois configurada a pretensão resistida. 2. Sentença anulada, para o regular processamento da ação (TRF 4ª Região, 6ª Turma, Rel. Des. Néfi Cordeiro, Apelação Cível n° 5004977-97.2012.404.7107 D.E.; 27.09.2013).

[60] VIANNA, João Ernesto Aragonés. *Curso de direito previdenciário.* 6. ed. São Paulo: Atlas, 2013, p. 558/562.

[61] APELAÇÃO CÍVEL. INSS. AÇÃO ACIDENTÁRIA. PROCESSO CIVIL. PRELIMINARES. CARÊNCIA DE AÇÃO POR FALTA DE INTERESSE DE AGIR. Não prospera a preliminar de falta interesse de agir sob argumento de ausência do esgotamento da via administrativa, pois iterativa a jurisprudência que entende prescindível de prévio pedido administrativo, como requisito do pedido do auxílio acidente. Precedentes. (...).DERAM PARCIAL PROVIMENTO AO APELO, CONFIRMANDO A SENTENÇA QUANTO AOS DEMAIS CAPÍTULOS EM REEXAME NECESSÁRIO. UNÂNIME. (Apelação Cível n° 70035324623, Nona Câmara Cível, Tribunal de Justiça do RS, Relator: Tasso Caubi Soares Delabary, Julgado em 21/07/2010).

5. A aposentadoria por invalidez

Ainda em termos de benefício por incapacidade, chega-se o momento de tecermos os centrais comentários a respeito da aposentadoria por invalidez, benefício concedido em casos extremamente graves, quando formada convicção de que a lesão é irreversível e irá trazer prejuízo definitivo ao obreiro, representando *deficit* funcional máximo, que o impede de retornar ao mercado de trabalho.

É benefício concedido em caso de reconhecimento de invalidez total, conforme previsão do art. 42 da Lei n° 8.213/91, *in verbis*:

"A aposentadoria por invalidez, uma vez cumprida, quando for o caso, a carência exigida, será devida ao segurado que, estando ou não em gozo de auxílio-doença, for considerado incapaz e insusceptível de reabilitação para o exercício de atividade que lhe garanta a subsistência, e ser-lhe-á paga enquanto permanecer nesta condição".

Portanto, se o trabalhador tiver alguma sequela definitiva, que o impeça de bem desenvolver as suas atividades laborais, de grau abaixo de 100%, deve perceber o benefício auxílio-acidente; em caso de ser total a sequela definitiva, eis a hipótese de concessão do "benefício máximo".

Não raro, na prática, é tormentosa a fixação dessa conclusão de que a invalidez do obreiro é parcial ou total. Por isso, a jurisprudência, em várias oportunidades, vem sendo cuidadosa nessa análise, utilizando-se, além do critério objetivo (técnico), de outros critérios subjetivos (idade, grau de instrução, região de labor) para fins de eventualmente optar pela concessão da aposentadoria por invalidez.[62]

---

[62] PREVIDENCIÁRIO. ACIDENTE DO TRABALHO. APOSENTADORIA POR INVALIDEZ. JUROS MORATÓRIOS E CORREÇÃO MONETÁRIA. ALTERAÇÃO LEGISLATIVA – LEI N° 11.960/09. APLICAÇÃO IMEDIATA. POSSIBILIDADE NO CASO CONCRETO. CUSTAS. HONORÁRIOS ADVOCATÍCIOS. 1. Ante a amputação total da mão direita em razão do acidente de trabalho que impede o exercício das atividades do autor de marceneiro, serviços gerais ou agricultor e dadas as peculiaridades do caso concreto e, ainda, tendo em vista a sua idade avançada, baixa escolaridade e o fato de que laborava em atividades essencialmente braçais, impositivo que

Nesses contornos, adequado o destaque dado por Leandro Ferreira Bernardo e William Fracalossi ao expressar que uma forte corrente jurisprudencial, encampada pelo STJ,[63] tem entendido que para a concessão do benefício máximo devem ser considerados outros aspectos relevantes, além dos objetivos elencados no art. 42 da Lei de Benefícios, tais como a condição socioeconômica, profissional e cultural do segurado.[64]

Outra questão importante cinge-se em torno da definitividade do benefício máximo. A histórica Súmula n° 217 do STF informava que:

"Tem direito de retornar ao emprego, ou ser indenizado em caso de recusa do empregador, o aposentado que recupera a capacidade de trabalhar dentro de cinco anos, a contar da aposentadoria, que se torna definitiva após esse prazo".

Wladimir Novaes Martinez reconhece, com acerto, que é preciso pensar que na ocasião da edição da súmula não existiam os avanços tecnológicos da medicina nem os instrumentos de recuperação, reabilitação e reeducação do trabalho como hoje, tudo a determinar o desaparecimento da definitividade da aposentadoria por invalidez decorrente do decurso de prazo de cinco anos de manutenção do benefício.[65]

Agora, o prazo de cinco anos anunciado segue tendo alguma relevância dentro do específico campo previdenciário, já que pode variar o procedimento adotado pelo INSS quando da verificação da recupe-

---

seja concedido ao mesmo aposentadoria por invalidez, pois dificilmente conseguiria exercer outra atividade laboral. 2. Os juros moratórios são devidos no percentual de 12% ao ano, a contar da citação, de acordo com o disposto nos artigos 406 do CC e 161, § 1°, do CTN, bem como na Súmula 204 do STJ. 3. As parcelas devem ser corrigidas pelo IGP-M, a partir dos respectivos vencimentos. 4. O Eg. Superior Tribunal de Justiça, realizando a exegese do art. 1°-F da Lei n° 9.494/97, alterado pela Lei n° 11.960/2009, entendeu que se trata de norma instrumental material, devendo ser aplicada tão somente às demandas ajuizadas após a sua vigência. 5. Mostra-se adequada a fixação dos honorários advocatícios em 10% sobre o valor das parcelas vencidas até a sentença. Súmula 111 do STJ. 6. As Pessoas Jurídicas de Direito Público são isentas do pagamento de custas, despesas judiciais e emolumentos no âmbito da Justiça Estadual de Primeiro e Segundo Graus. Inteligência do artigo 11 da Lei 8.121/85, alterado pela Lei Estadual n° 13.471, de 23.06.2010. APELAÇÃO PROVIDA. (Apelação Cível n° 70043702752, Décima Câmara Cível, Tribunal de Justiça do RS, Relator: Túlio de Oliveira Martins, Julgado em 25/08/2011).

[63] O STJ, AgRg no Ag 1011387/MG, Rel. Min. Napoleão Nunes Maia Filho, 5ª Turma, j. em 23.04.2009, consagrou que "em face das limitações impostas pela avançada idade, bem como pelo baixo grau de escolaridade, seria utopia defender a inserção do segurado no concorrido mercado de trabalho, para iniciar uma nova atividade profissional, motivo pelo qual faz jus à concessão de aposentadoria por invalidez".

[64] BERNARDO, Leandro Ferreira; FRACALOSSI, William. *Direito previdenciário na visão dos tribunais.* São Paulo: Método, 2009, p. 56.

[65] MARTINEZ, Wladimir Novaes. *Comentários às súmulas previdenciárias.* São Paulo: LTr, 2011, p. 71.

ração da capacidade de trabalho do segurado, nos termos do art. 49 do Decreto n° 3.048/99:

"Verificada a recuperação da capacidade de trabalho do aposentado por invalidez, excetuando-se a situação prevista no art. 48, serão observadas as normas seguintes: I – quando a recuperação for total e ocorrer dentro de cinco anos contados da data do início da aposentadoria por invalidez ou do auxílio-doença que a antecedeu sem interrupção, o benefício cessará: a) de imediato, para o segurado empregado que tiver direito a retornar à função que desempenhava na empresa ao se aposentar, na forma da legislação trabalhista, valendo como documento, para tal fim, o certificado de capacidade fornecido pela previdência social; ou b) após tantos meses quantos forem os anos de duração do auxílio-doença e da aposentadoria por invalidez, para os demais segurados; e II – quando a recuperação for parcial ou ocorrer após o período previsto no inciso I, ou ainda quando o segurado for declarado apto para o exercício de trabalho diverso do qual habitualmente exercia, a aposentadoria será mantida, sem prejuízo da volta à atividade: a) pelo seu valor integral, durante seis meses contados da data em que for verificada a recuperação da capacidade; b) com redução de cinqüenta por cento, no período seguinte de seis meses; e c) com redução de setenta e cinco por cento, também por igual período de seis meses, ao término do qual cessará definitivamente".[66]

Assim, embora o benefício envolva limitação total e permanente, deve-se compreender que o benefício é definitivo diante do estado da arte no momento em que foi determinada a aposentadoria por invalidez, sempre existindo uma possibilidade, mesmo que remota, de retorno ao *status quo ante*.

Vindo o segurado aposentado a óbito, passam os dependentes legalmente habilitados a gozar da pensão por morte, no mesmo valor atualizado que vinha sendo pago ao segurado.[67]

A aposentadoria por invalidez também, como benefício por incapacidade que é, pode ter a sua natureza acidentária ou previdenciária: no primeiro caso, leva do sistema o código 92, sendo usualmente conhecido como "B92"; diferenciando-se assim do benefício de natureza não acidentária (*rectius*: natureza previdenciária), o qual leva do sistema o código 32, sendo usualmente conhecido como "B32".

---

[66] PAIXÃO, Floriceno; PAIXÃO, Luiz Antônio C. *A previdência social em perguntas e respostas*. 40. ed. Porto Alegre: Síntese, 2004, p. 128, p. 102.

[67] DUARTE, Marina Vasques. *Direito previdenciário*. 7. ed. Porto Alegre: Verbo Jurídico, 2011, p. 325.

Se o trabalhador se afasta do trabalho em razão de uma doença ocupacional gravíssima (quadro crônico de LER c/c quadro de *Depressão Correlata*, por ex.), normalmente deve requerer na via administrativa o benefício provisório (auxílio-doença) e após conclusão técnica a respeito da consolidação do quadro pode ter reconhecida pelo INSS a redução total de sua capacidade de trabalho com a transformação do benefício provisório auxílio-doença acidentário ("B91") no benefício definitivo aposentadoria por invalidez acidentária ("B92").

Já se o trabalhador se afasta do ambiente de labor em razão de um acidente grave de ordem não laboral (AVC, por ex.), da mesma forma deve requerer na via administrativa o benefício provisório e após verificação da consolidação do quadro e da invalidez total para as atividades profissionais que desempenhava habitualmente, pode obter a transformação do benefício provisório auxílio-doença comum (B31) no benefício definitivo aposentadoria por invalidez comum (B32).

Importante o registro de que tanto o benefício provisório auxílio--doença acidentário ("B91") como o benefício definitivo aposentadoria por invalidez acidentária ("B92") não possuem prazo de carência, podendo ser requeridos a qualquer tempo junto ao INSS;[68] diversamente dos benefícios respectivos de natureza não acidentária (*rectius*: natureza previdenciária) que possuem, por regra, prazo de carência de doze meses.

Da mesma forma, pode-se dizer que há similitude entre os benefícios – auxílio-doença e aposentadoria por invalidez – no que toca à possibilidade de retorno imediato ao mercado de trabalho à medida que ocorre a recuperação da capacidade laborativa.

No caso de aposentadoria por invalidez a hipótese é mais rara, já que se houve concessão do benefício definitivo presume-se que o caso

---

[68] APELAÇÃO CÍVEL. REEXAME NECESSÁRIO. ACIDENTE DE TRABALHO. AUXÍLIO--DOENÇA E POSTERIOR CONVERSÃO EM APOSENTADORIA POR INVALIDEZ. REEXAME NECESSÁRIO. SENTENÇA ILÍQUIDA. Adoto o entendimento relativo ao conhecimento do reexame necessário quando se tratar de sentença ilíquida, em consonância ao recente entendimento manifestado pela Corte Especial do STJ. AUXÍLIO DOENÇA. RESTABELECIMENTO. APOSENTADORIA POR INVALIDEZ. CONCESSÃO. Nos termos do art. 59 da Lei nº 8.213/91, o auxílio doença será devido ao segurado que, havendo cumprido, quando for o caso, o período de carência exigido na lei, ficar incapacitado para o seu trabalho ou para a sua atividade habitual por mais de 15 (quinze) dias consecutivos. Assente, no conjunto fático probatório coligido aos autos, mormente na perícia médica judicial, que a parte demandante, por ocasião da cessação do pagamento do benefício de auxílio doença, se encontrava impossibilitada de desempenhar suas atividades profissionais habituais, fazendo jus ao restabelecimento do beneplácito desde a interrupção administrativa até a data em que constatada sua incapacidade total e permanente, sendo-lhe devido, a partir de então, a concessão da aposentadoria por invalidez. Sentença mantida. SENTENÇA INTEGRALMENTE MANTIDA EM REEXAME NECESSÁRIO. (Reexame Necessário nº 70055968671, Décima Câmara Cível, Tribunal de Justiça do RS, Relator: Paulo Roberto Lessa Franz, Julgado em 26/09/2013).

é realmente diferenciado e deverá, por regra, determinar o afastamento permanente do trabalhador de sua rotina laboral; mas não se pode realmente esquecer que o sistema prevê a situação excepcional de, a qualquer tempo, o segurado recuperar a capacidade de trabalho – o que pode ser provado por perícia de rotina encaminhada pelo INSS ou mesmo por manifestação expressa/unilateral do próprio segurado – com o consequente retorno do obreiro as suas anteriores atividades profissionais.

Assim, como ocorre com o auxílio-doença, o segurado no período em que estiver em gozo do benefício definitivo não pode se furtar a realização de qualquer perícia administrativa, assim que formalmente notificado pelo INSS, sob pena de imediata suspensão do benefício.[69]

As similitudes entre o auxílio-doença e a aposentadoria por invalidez seguramente não param por aí. Também aqui o benefício de natureza comum (B32) é amplamente disponibilizado aos segurados obrigatórios e facultativos, sendo que a prestação de natureza acidentária (B92) segue sendo limitada ao empregado celetista, ao trabalhador avulso e ao segurado especial. Ainda: a aposentadoria por invalidez da mesma forma substitui renda, aplicando-se daí a garantia constitucional, constante no art. 201, § 2°, de que a renda mensal inicial do benefício não pode ser inferior ao salário mínimo nacional.[70]

Com relação à RMI da aposentadoria por invalidez, há de se dizer que a regra é a de que permaneça em 100% do salário-benefício, sem incidência do fator previdenciário (típico de incidência na aposentadoria por tempo de contribuição – B42).

Ocorre que, excepcionalmente, pode a RMI da aposentadoria por invalidez chegar a 125% do salário-benefício,[71] inclusive superando

---

[69] VILELA VIANNA, Cláudia Salles. *Previdência Social – custeio e benefícios*. 2. ed. São Paulo: LTr, 2008, p. 419.

[70] ALENCAR, Hermes Arrais. *Cálculo de benefícios previdenciários – Regime Geral de Previdência Social*. 5. ed. São Paulo: Atlas, 2013, p. 330.

[71] PREVIDENCIÁRIO E PROCESSUAL CIVIL. REMESSA OFICIAL TIDA POR INTERPOSTA. APOSENTADORIA POR INVALIDEZ. LAUDO PERICIAL. INCAPACIDADE. ADICIONAL DE 25%. MARCO INICIAL. CORREÇÃO MONETÁRIA. HONORÁRIOS ADVOCATÍCIOS. 1. Remessa oficial tida por interposta, porquanto nesta fase do processo não é possível determinar se a condenação supera a sessenta salários mínimos. 2. Nas ações em que se objetiva a aposentadoria por invalidez ou auxílio-doença, o julgador firma seu convencimento, via de regra, com base na prova pericial. 3. Concede-se o benefício de aposentadoria por invalidez quando o laudo pericial conclui que a parte segurada está acometida por moléstia que a incapacita para o trabalho que exerce, não sendo suscetível de reabilitação profissional para outra atividade que lhe assegure o sustento. 4. Comprovada a necessidade de assistência permanente de outra pessoa, devido o pagamento do adicional previsto no artigo 45 da Lei de Benefícios. 5. Marco inicial do benefício de aposentadoria por invalidez fixado na data da cessação do auxílio-doença anteriormente percebido, porquanto a incapacidade laboral sem expectativa de recuperação já se fazia presente à época. 6. Os honorários advocatícios devem ser fixados em 10% sobre o valor da condenação, excluídas

o teto da Previdência, nos termos explicitados pelo art. 45 da Lei n° 8.213/91:

> "O valor da aposentadoria por invalidez do segurado que necessitar da assistência permanente de outra pessoa será acrescido de 25% (vinte e cinco por cento). Parágrafo único. O acréscimo de que trata este artigo: a) será devido ainda que o valor da aposentadoria atinja o limite máximo legal; b) será recalculado quando o benefício que lhe deu origem for reajustado; c) cessará com a morte do aposentado, não sendo incorporável ao valor da pensão".

Os eventos que garantem o adicional de 25% em comento, embora em rol não taxativo, vêm previstos no anexo I do Decreto n° 3.048/99:

> "1 – Cegueira total; 2 – Perda de nove dedos das mãos ou superior a esta; 3 – Paralisia dos dois membros superiores ou inferiores; 4 – Perda dos membros inferiores, acima dos pés, quando a prótese for impossível; 5 – Perda de uma das mãos e de dois pés, ainda que a prótese seja possível; 6 – Perda de um membro superior e outro inferior, quando a prótese for impossível; 7 – Alteração das faculdades mentais com grave perturbação da vida orgânica e social; 8 – Doença que exija permanência contínua no leito; 9 – Incapacidade permanente para as atividades da vida".[72]

Os casos tipificados no regulamento não poderiam ser exaustivos, pois a "grande invalidez", como é denominada essa circustância, depende da análise do caso concreto. O valor da aposentadoria por invalidez do segurado que necessitar da assistência permanente de outra pessoa, com acréscimo de 25%, será recalculado quando o benefício que lhe deu origem for reajustado, e cessará com a morte do aposentado, não sendo incorporável ao valor da pensão.[73]

Por fim, a mesma (ou até maior) resistência do órgão previdenciário para concessão do benefício auxílio-acidente se nota na hipótese de aposentadoria por invalidez.

Assim, sendo notória a resistência do órgão previdenciário na concessão administrativa desse outro benefício definitivo, o requerimento de aposentadoria por invalidez pode ser feito imediatamente perante o Poder Judiciário. E mesmo porque será determinada a realização de perícia judicial para fixação da real extensão do quadro limi-

---

as parcelas vincendas, considerando como tais as vencidas após a data da sentença, face ao que dispõe o art. 20, § 3°, do CPC e a Súmula 111 do STJ (TRF 4ª Região, 6ª Turma, Apelação Cível n° 2006.71.99.003892-6, Rel. Des. Sebastião Ogê Muniz, D.E. 12.01.2007).

[72] SANCHEZ, Adilson. *Advocacia previdenciária*. 4. ed. São Paulo: Atlas, 2012, p. 202/203.

[73] VIANNA, João Ernesto Aragonés. *Curso de direito previdenciário*. 3. ed. São Paulo: Atlas, 2010, p. 491/492.

tante, não raro é formulado pelo procurador do empregado/segurado pedido alternativo para concessão do benefício definitivo que melhor restar comprovado ao longo da instrução (auxílio-acidente – em caso de invalidez parcial, ou aposentadoria por invalidez – em caso de invalidez total).[74]

---

[74] Jurisprudência consolidada do Superior Tribunal de Justiça e deste tribunal no sentido de que nas ações previdenciárias compreende-se o pedido como sendo o do melhor benefício a que o segurado ou beneficiário tem direito, devendo-se, para tanto, considerar a implementação de seus requisitos até o momento do ajuizamento da ação sempre que não for possível a sua concessão com base nos elementos fáticos ocorridos até o requerimento administrativo, sem que isso implique violação aos princípios da adstrição ou da estabilização da lide, razão pela qual não é *extra* ou *ultra petita* a decisão que a) concede aposentadoria por invalidez quando pleiteado auxílio-doença; b) defere auxílio-doença quando requerida aposentadoria por invalidez; c) concede auxílio-acidente quando o pleito formulado era o de auxílio-doença ou aposentadoria por invalidez; d) defere aposentadoria por invalidez quando pleiteado auxílio-acidente; e) concede renda mensal vitalícia quando formulado pedido de aposentadoria por invalidez; f) concede auxílio-doença quando requerida renda mensal; g) defere benefício assistencial em vez de renda mensal; h) concede benefício assistencial quando pleiteado aposentadoria por invalidez ou auxílio-doença; i) concede aposentadoria por idade rural quando pleiteado benefício assistencial; j) concede aposentadoria por idade, com base em tempo de trabalho urbano, quando pleiteada aposentadoria por idade rural; k) concede aposentadoria por idade quando requerida aposentadoria por tempo de serviço/contribuição; l) concede aposentadoria por tempo de serviço/contribuição quando requerida aposentadoria por idade urbana ou aposentadoria especial (TRF 4ª Região, 6ª Turma, Rel. Des. Celso Kipper, passagem da ementa da Apelação Cível n° 0019887-11.2011.404.9999, D.E. 27.11.2013).

6. A reabilitação profissional

A reabilitação profissional é serviço especial da Previdência Social[75] e possui relação direta com os benefícios por incapacidade. É, nesse cenário, prestação oferecida especialmente aos segurados em benefício auxílio-doença, disponibilizado justamente para que encontrem melhores condições de retorno ao mercado de trabalho, em virtude da seriedade do quadro infortunístico desencadeado. Caso tenham inexitosa passagem pela reabilitação profissional, estando o segurado inviabilizado de desenvolver ou encerrar o programa ajustado às suas peculiaridades clínicas, outra alternativa não resta ao INSS senão conceder ao obreiro a aposentadoria por invalidez.

A passagem do segurado pelo Centro de Reabilitação Profissional do órgão previdenciário (CRP/INSS) é momento peculiar do acidentado dentro da estrutura administrativa da autarquia federal, razão pela qual devem ser efetuadas algumas observações pormenorizadas.

Reabilitação é o conjunto de procedimentos diagnósticos e terapêuticos aplicados aos indivíduos portadores de incapacidade, de etiologia e graus variados, transitória ou definitiva, que objetivam o restabelecimento da funcionalidade do indivíduo, no que diz respeito às suas capacidades físicas, psíquicas, sociais e profissionais, possibilitando-lhe a retomada de seus papéis na família e na sociedade.[76]

---

[75] Nos termos do art. 90 da Lei n° 8.213/91, a reabilitação profissional é devida em caráter obrigatório aos segurados e, na medida das possibilidades do órgão da Previdência Social, aos seus dependentes; com efeito, o dispositivo quer-nos parecer que, sendo a Previdência Social um dos ramos da Seguridade Social, mas informado pelos critérios do seguro, ou seja, dependendo de contribuição, titulares de tais prestações são os segurados e seus dependentes, não outras pessoas portadoras de deficiência que fazem jus ao benefício assistencial (ROCHA, Daniel Machado da; BALTAZAR JR., José Paulo. *Comentários à lei de benefícios da previdência social.* 10. ed. Porto Alegre: Livraria do Advogado, 2011, p. 299).

[76] BARETTA, Valdir Cezar; BARETTA JR., Valdir Cezar. Reabilitação profissional no CRP-Florianópolis. Extraído do Repositório UFSC: <https://repositorio.ufsc.br/bitstream/handle/123456789/105001/REABILITA%C3%87%C3%83O%20PROFISSIONAL%20NO%20CRP-FPO-LIS.pdf?sequence=1>. Acesso em 02.02.2014, p. 15 e ss.

No âmbito previdenciário, a reabilitação profissional é serviço oferecido a todos os beneficiários do RGPS (segurados e até dependentes); podendo ser realizada no próprio ambiente de trabalho (a que estava o beneficiário vinculado antes da saída em benefício) ou mediante cursos/treinamentos formalizados pelo órgão previdenciário através de acordos/convênios com qualificadas instituições ou empresas públicas.

A Turma Nacional de Uniformização de Jurisprudência tem entendido que o procedimento de reabilitação profissional a ser efetivado pelo INSS deverá assegurar-lhe, sendo de sua vontade, condições de permanência na sua região, não se podendo dele exigir o afastamento desta ou do seio familiar.[77]

Em caso de segurados que sofreram sérios acidentes de trabalho ou de qualquer natureza, a reabilitação configura-se em medida oportuna para que o obreiro possa retornar ao mercado de trabalho em função compatível com as suas limitações atuais. Trata-se de serviço que pode se encontrar diretamente vinculado aos benefícios por incapacidade, notadamente ao auxílio-doença. Ocorre que tão somente após certo tempo de gozo do aludido benefício provisório pelo segurado poderá o INSS concluir pela eventual necessidade de encaminhamento à reabilitação profissional antes que retorne ao mercado de trabalho.

É o que se pode deduzir da expressa disposição legal a respeito, contida no art. 62 da Lei n° 8.213/91, *in verbis:*

"O segurado em gozo de auxílio-doença, insuscetível de recuperação para sua atividade habitual, deverá submeter-se a processo de reabilitação profissional para o exercício de outra atividade. Não cessará o benefício até que seja dado como habilitado para o desempenho de nova atividade que lhe garanta a subsistência ou, quando considerado não recuperável, for aposentado por invalidez".

Por sua vez, o art. 137 do Decreto n° 3.048/99, outro dispositivo relevante para a matéria, regula as funções básicas desenvolvidas no processo de reabilitação profissional de segurado:

"I – avaliação do potencial laborativo, II – orientação e acompanhamento da programação profissional, III – articulação com a comunidade, inclusive mediante a celebração de convênio para reabilitação física restrita a segurados que cumpriram os pressu-

---

[77] Dentre alguns julgados, tratando especialmente do trabalhador rural, menção ao Incidente de Uniformização 200683025031778, Rel. Juíza Federal Maria Divina Vitória, D.J.U. 28.01.2009 (BERNARDO, Leandro Ferreira; FRACALOSSI, William. *Direito previdenciário na visão dos tribunais*. São Paulo: Método, 2009, p. 325).

postos de elegibilidade ao programa de reabilitação profissional, com vistas ao reingresso no mercado de trabalho, e IV – acompanhamento e pesquisa da fixação no mercado de trabalho".[78]

O segurado deverá participar obrigatoriamente dos programas de reabilitação profissional, sob pena de a administração ficar autorizada a suspender o benefício provisório; tratando-se, conforme paradigma do TRF da 4ª Região, de hipótese mesmo de suspensão, e não de cancelamento, pois retornando o segurado a cumprir o tratamento prescrito, a prestação previdenciária deverá ser restabelecida.[79]

Por essa relativa complexidade do procedimento, percebe-se que o encaminhamento do segurado à reabilitação profissional não é uma situação corriqueira. A situação de praxe é a do segurado permanecer "encostado" no INSS por um período suficiente para se recuperar de sua convalescência, retornando as suas atividades habituais, através do que se conhece como "alta médica simples".

Em casos excepcionais em que o mero afastamento do labor, mesmo por períodos longos, não é suficiente para que o segurado readquira a plenitude de sua força laborativa – hipóteses em que há indícios de cronificação da lesão que determinou o afastamento para benefício provisório, fazendo-se necessário que o obreiro se "adapte" aquele *deficit* funcional para readquirir alguma condição de trabalho –, pode-se daí sim falar em reabilitação profissional.

Porém, mesmo que se entenda perfeitamente a excepcionalidade do encaminhamento do obreiro ao CRP, tem-se evidente no Brasil que o INSS não vem cumprindo a contento a determinação legal,[80] não existindo uma clara orientação para que nas perícias de rotina, prorrogadoras de benefício auxílio-doença, encaminhe-se à reabilitação profissional toda uma gama de segurados que se enquadram nas disposições do art. 62 da Lei n° 8.213/91 c/c art. 137 do Decreto n° 3.048/99.

Esse é mais um ponto em que o Judiciário normalmente atua substituindo o desempenho deficitário do órgão previdenciário, ao passo que o INSS, em bom número de casos, não adota as medidas cabíveis

---

[78] BALERA, Wagner; MUSSI, Cristiane Miziara. *Direito Previdenciário*. 9. ed. São Paulo: Método, 2012, p. 215.

[79] Dentre alguns julgados, tratando da hipótese de abandono de programa de reabilitação profissional, menção ao julgado pela 6ª Turma, REO 97.04.68195-0/RS, Rel. Juiz Federal convocado Sebastião Muniz, D.J. 13.09.2000 (ROCHA, Daniel Machado da; BALTAZAR JR., José Paulo. *Comentários à lei de benefícios da previdência social*. 10. ed. Porto Alegre: Livraria do Advogado, 2011, p. 258).

[80] CARNEIRO, Osvanor Gomes. O direito do segurado a reabilitação profissional. In: *Âmbito Jurídico*, Rio Grande, XV, n. 101, jun 2012. Disponível em: <http://www.ambito-juridico.com.br/site/?n_link=revista_artigos_leitura&artigo_id=11662>. Acesso em fev 2014.

tempestivamente, determinando o encaminhamento de segurados ao CRP/INSS no momento oportuno – mesmo em casos em que o segurado permanece por um longuíssimo período em benefício (às vezes, por quatro, cinco ou mais anos), só fazendo tratamento clínico e/ou fisioterápico, sem então um devido encaminhamento técnico pela estrutura previdenciária.[81]

O correto encaminhamento administrativo, nos termos da lei, seria então a determinação que segurados em benefício auxílio-doença com problemas de incapacidade mais graves fossem encaminhados à reabilitação, antes da alta de benefício e consequente retorno ao mercado de trabalho. Nesse momento, qual seja, o de determinação de alta de benefício ao final da reabilitação, caberia ainda ao órgão previdenciário confirmar se o segurado possui invalidez parcial que o prejudique na concorrência de emprego, quando então poderia determinar o pagamento do benefício auxílio-acidente.

A passagem do trabalhador pelo CRP deve ser encerrada mediante apresentação, pelo setor competente do órgão previdenciário, de um "certificado (individual) de conclusão", cuja cópia é encaminhada à empresa empregadora; devendo o médico do trabalho da empresa estar atento a esse documento, quando do preenchimento do Atestado de Saúde Ocupacional (ASO) de retorno do empregado, para que, na prática, não haja piora ou recidiva do quadro clínico que determinou o afastamento originário.

Nesse documento (certificado) ficam registradas as atuais limitações funcionais do obreiro, sendo indicadas as atividades para as quais o obreiro estaria apto e as atividades para as quais estaria inapto; sem prejuízo do exercício, pelo trabalhador, de qualquer outra atividade para a qual se julgue capacitado ou venha posteriormente a se capacitar.[82]

---

[81] APELAÇÃO CÍVEL. ACIDENTE DE TRABALHO. INSS. AUXILIO-DOENÇA ACIDENTÁRIO. LAUDO PERICIAL. Hipótese em que o nexo etiológico entre o acidente de trabalho e a lesão foi devidamente reconhecido pela Autarquia previdenciária. Por outro lado, a prova pericial evidenciou que o segurado esta incapacitado para executar a sua função laboral, a qual exige o emprego de força física. Considerando que a prova técnica demonstrou que o segurado encontra-se incapacitado para executar as suas atividades habituais de trabalho, em decorrência de um típico acidente laboral, imperativo reconhecer o direito do segurado ao restabelecimento do auxílio-doença acidentário, de modo que o benefício é devido até o momento em que o segurado seja submetido a processo de reabilitação profissional a cargo da Previdência Social e possa exercer atividade profissional compatível com as suas condições físicas, nos termos do art. 62, da Lei 8.213/1991 (...). (Apelação e Reexame Necessário n° 70035347798, Nona Câmara Cível, Tribunal de Justiça do RS, Relator: Tasso Caubi Soares Delabary, Julgado em 21/07/2010).

[82] VILELA VIANNA, Cláudia Salles. *Previdência Social – custeio e benefícios*. 2. ed. São Paulo: LTr, 2008, p. 506/507.

Necessário, no entanto, o registro de que a colocação do segurado no mesmo emprego ou em outro para o qual ficar reabilitado não é obrigação da Previdência Social, cessando o processo de reabilitação profissional com a emissão do certificado individual.[83]

Toda a passagem pelo CRP deve restar devidamente documentada pelo INSS, sendo prévio ao aludido certificado de conclusão, as análises periódicas dos progressos do segurado e as avaliações do seu potencial laborativo, do qual se extrairá valioso relatório denominado "Ficha de Avaliação do Potencial Laborativo" (FAPL).

Como é fácil agora de se concluir, a passagem pelo CRP, em que confeccionado o FAPL e principalmente o certificado (individual) de conclusão trazem uma rede de informações que esclarecem a real situação de invalidez (parcial) do obreiro, servindo, posteriormente, como meio de prova judicial (contra o INSS e mesmo contra a empresa empregadora), para comprovar a significância da lesão incapacitante, mormente quando não há pagamento pelo INSS de contraprestação (benefício) relacionada à demonstração do *deficit* funcional.[84]

Por fim, de acordo com a parte final do transcrito art. 62 da Lei n° 8.213/91, ratifiquemos que é possível que a reabilitação profissional não seja devidamente encerrada, em razão das próprias limitações físicas e/ou psíquicas do segurado. Dito de outra forma: havia uma possibilidade e um interesse do retorno do obreiro ao mercado de trabalho (por parte do INSS e, muitas vezes, do próprio segurado), mas na

---

[83] MARTINS, Sérgio Pinto. *Direito da seguridade social*. 34. ed. São Paulo: Atlas, 2014, p. 531.

[84] Outro aresto, mais afeito ao contexto, pode-se colher da jurisprudência do Tribunal gaúcho: "APELAÇÃO CÍVEL. PROCESSO CIVIL. PRELIMINAR. MINISTÉRIO PÚBLICO. LAUDO PERICIAL. COMPLEMENTAÇÃO. DESNECESSIDADE. Na espécie, a prova técnica é robusta e consistente, especialmente porque não há nenhuma imprecisão no laudo pericial que justifique a complementação do trabalho técnico; pelo contrário, todos os pontos foram bem ponderados e se encontram devidamente apreciados. Assim, inexistem as divergências apontadas, não restando configurada nenhuma nulidade processual. AUXÍLIO-ACIDENTE. INSS. TENOSSINOVITE. LESÃO POR ESFORÇO REPETITIVO. NEXO CAUSAL E REDUÇÃO DA CAPACIDADE LABORATIVA DEMONSTRADOS. Hipótese dos autos em que restou demonstrado pela analise sistemática do conjunto probatório que a segurada sofre de doença adquirida no exercício da sua atividade de trabalho. Deste a eclosão da moléstia, restaram sequelas que reduziram a capacidade de trabalho da obreira, mormente porque a própria avaliação médica da Autarquia previdenciária entendeu que a segurada deveria passar por um por processo de reabilitação profissional, pois para a sua atividade habitual de bancária foi considerada inabilitada. No caso concreto, os elementos de prova dos autos apontam, sem dúvida, para a existência de sequelas decorrentes de doença profissional que reduzem a capacidade de trabalho da segurada. Benefício devido (...). TERMO INICIAL: Início do benefício a contar do dia seguinte à cessação do auxílio-doença acidentário anteriormente concedido. REJEITADA A PRELIMINAR DO MP, DERAM PARCIAL PROVIMENTO AO APELO DO RÉU, PROVERAM O RECURSO DA AUTORA E, DE OFÍCIO, DETERMINARAM A APLICAÇÃO DA LEI N° 11.960/2009. UNÂNIME. (Apelação Cível n° 70030798011, Nona Câmara Cível, Tribunal de Justiça do RS, Relator: Tasso Caubi Soares Delabary, Julgado em 28/10/2009)".

prática a passagem pela reabilitação profissional indicou pela extrema dificuldade da missão.

Nesse caso, em que verificada tentativa inexitosa (interrompida) do segurado pelo CRP/INSS, obviamente não deve ser emitido certificado (individual) de conclusão e o órgão previdenciário, constatando não ser recuperável a lesão incapacitante, deve encaminhar o segurado para concessão da aposentadoria por invalidez.[85]

---

[85] Segundo a jurisprudência pacífica dos Tribunais, a aposentadoria por invalidez é um benefício devido ao segurado que for considerado incapaz para o trabalho e insuscetível de reabilitação para o exercício de atividade que lhe garanta a subsistência; assim, a impossibilidade de reabilitação profissional aparece como verdadeiro pressuposto da aposentadoria por invalidez – nesses termos: STJ, 6ª Turma, RESP 621.331/PI, Rel. Min. Paulo Gallotti, D.J. 07.11.2005; STJ, 5ª Turma, RESP 226.094/SP, Rel. Min. Jorge Scartezzini, D.J. 15.05.2000.

7. Módulo sobre acidentes de trabalho

Já antecipamos que quando um trabalhador se afasta das suas atividades laborais, percebendo primeiramente um benefício por incapacidade provisória do sistema, a sua opção natural, quando viável, é alcançar a benesse de natureza acidentária, diante de algumas vantagens como a estabilidade provisória e o direito ao depósito do Fundo de Garantia pelo período de recuperação da convalescença. Ainda poderíamos mencionar que o benefício acidentário autoriza com maior propriedade a discussão da responsabilidade do empregador no evento infortunístico, em demanda trabalhista de reparação de danos. E mesmo podemos mencionar, com base na prática do foro, que psicologicamente o trabalhador se sente mais fortalecido, inclusive perante a família, ao justificar a sua ausência do mercado de trabalho em razão de uma incapacidade proveniente do ambiente do trabalho do que em razão de um quadro de natureza fisiológica, degenerativa, pessoal enfim.

Não estamos aqui evidentemente referindo que o trabalhador deve buscar o benefício de natureza acidentária a qualquer custo, independentemente do real problema de saúde que o afeta. Há de se ter elementos probatórios para tanto. E a configuração do chamado "nexo causal" ou "nexo etiológico"[86] – o estabelecimento da relação direta entre a atividade laboral e o quadro infortunístico – muitas vezes é complexa e envolve profunda análise do problema.

Especialmente os quadros psíquicos vêm se revelando muito difíceis de configuração do nexo causal, sendo comum que mesmo os médicos particulares dos trabalhadores atestem com maior tranquilidade a extensão da incapacidade, mas resistam ao determinar com precisão a origem dessa incapacidade. Eis a razão que justifica o estudo mais detido dos acidentes de trabalho em momento próprio, já que a configuração do nexo causal é questão delicada, refletindo em inúmeros

---

[86] PEDROTTI, Irineu A.; PEDROTTI, Willian A. *Acidentes do trabalho*. 4. ed. São Paulo: LEUD, 2003, p. 78/81.

indeferimentos de benefício acidentário tanto na via administrativa, como na via judicial.[87]

Os acidentes de trabalho e a proteção à saúde dos trabalhadores são objeto de legislação específica, de natureza trabalhista e previdenciária.[88] A definição de acidente de trabalho e toda a extensão de seu conceito, incluindo especialmente os acidentes típicos, as doenças ocupacionais (profissionais ou do trabalho) e os acidentes de trajeto estão na Lei n° 8.213/91, que é a Lei de Benefícios da Previdência Social. Esta lei é que também vai trazer as principais prestações pecuniárias pagas pelo sistema de Seguridade Social, nas chamadas ações acidentárias, e também o período de garantia de emprego do empregado que recebeu benefício previdenciário por acidente de trabalho.[89]

A caracterização de acidente do trabalho na legislação brasileira começa pela definição de acidente típico no art. 19 da Lei n° 8.213/91, *in verbis*:

"Acidente do trabalho é o que ocorre pelo exercício do trabalho a serviço da empresa ou pelo exercício do trabalho dos segurados referidos no inciso VII do art. 11 desta Lei, provocando lesão corporal ou perturbação funcional que cause a morte ou a perda ou redução, permanente ou temporária, da capacidade para o trabalho".

Acidente típico é o que provoca lesão corporal ou perturbação funcional que cause a morte ou a perda ou a redução, permanente ou temporária, da capacidade para o trabalho. O Decreto n° 3.048/99, que regulamenta a Lei n° 8.213/91, refere-se a evento de qualquer natureza ou causa, de origem traumática e por exposição a agentes exógenos (físicos, químicos e biológicos), que acarrete lesão corporal ou perturbação funcional que cause a morte, a perda ou a redução permanente ou

---

[87] APELAÇÃO CÍVEL. AGRAVO RETIDO. PREVIDENCIÁRIO. ACIDENTE DE TRABALHO. AGRAVO RETIDO. INDEFERIMENTO DE PEDIDO DE NOVA PERÍCIA. DESACOLHIMENTO. A prova pretendida (nova perícia) não se mostra necessária para o deslinde do feito, que já está suficientemente instruído, razão pela qual não está configurado cerceamento de defesa. Agravo retido desprovido. MÉRITO. RESTABELECIMENTO DE AUXÍLIO DOENÇA ACIDENTÁRIO E SUA POSTERIOR TRANSFORMAÇÃO EM APOSENTADORIA POR INVALIDEZ. Não caracterizado nexo causal entre a suposta moléstia e o trabalho do autor, especialmente considerando a análise da perícia médica, não há benefício previdenciário a ser alcançado. AGRAVO RETIDO DESACOLHIDO APELAÇÃO DESPROVIDA (Apelação Cível n° 70046350856, Nona Câmara Cível, Tribunal de Justiça do RS, Relator: Marilene Bonzanini Bernardi, Julgado em 25/01/2012).

[88] RUBIN, Fernando; ROSSAL, Francisco. *Acidentes de Trabalho*. São Paulo: LTr, 2013, p. 28 e ss.

[89] Dentre as históricas obras acidentárias lançadas em período próximo ao da publicação da Constituição Federal e ao início de vigência da Lei de Benefícios do Regime Geral da Previdência Social, indica-se para consulta: COIMBRA, J.R. Feijó. *Acidentes de trabalho e moléstias profissionais*. Rio de Janeiro: Edições trabalhistas, 1990; DIAS CAMPOS, José Luiz; DIAS CAMPOS, Adelina Bitelli. *Acidentes do trabalho: prevenção e reparação*. São Paulo, LTr, 1991.

temporária da capacidade laborativa. É necessário, de qualquer forma, que este evento tenha nexo causal com a atividade laborativa bem definido, ou seja, o acidente deve decorrer de um risco específico relacionado com o trabalho, e não o risco geral que qualquer indivíduo possui, no dia a dia, de sofrer um acidente comum.[90]

As doenças ocupacionais são referidas no art. 20 da Lei nº 8.213/91 se subdividem em doenças profissionais e doenças do trabalho. As doenças profissionais (idiopatias) são as produzidas ou desencadeadas pelo exercício do trabalho peculiar a determinada atividade e constante da respectiva relação elaborada pelo Ministério do Trabalho. São doenças próprias de um determinado tipo (risco) de atividade e que por sua incidência estatística passam a ser relacionadas em uma norma jurídica (Decreto nº 3.048/99, Anexo II – mesmo que com rol exemplificativo). As doenças do trabalho (mesopatias) são patologias comuns, que podem afetar a qualquer indivíduo, mas que aparecem por condições especiais em que o trabalho é realizado.

Em geral admite-se que as doenças profissionais (idiopatias) são objeto de relação normativa, enquanto as doenças do trabalho (mesopatias) devem ter seu nexo de causalidade verificado no caso concreto. Isso traz consequências práticas no que diz respeito ao ônus da prova, pois as doenças profissionais têm presunção de nexo de causalidade e, somente em casos especiais, a empresa poderá questionar a exclusão do nexo. Além disso, em caso excepcional, constatando-se que a doença não incluída na relação prevista no artigo 20 seja ela doença profissional (idiopatia – inciso I) ou doença do trabalho (mesopatia – inciso II), possa ela vir a ser reconhecida como doença ocupacional, desde que reconhecido, no caso concreto, o nexo de causalidade entre a doença e a atividade laborativa.

Para a Lei nº 8.213/91, no mesmo art. 20, não são consideradas doenças do trabalho as doenças degenerativas, as doenças inerentes a grupo etário, as doenças que não produzam incapacidade laborativa e as doenças endêmicas adquiridas por segurado habitante na região geográfica em que ela se desenvolva, salvo comprovação de que é resultante de exposição ou contato direto determinado pela natureza do trabalho. O critério determinante das hipóteses de exclusão é a presunção de ausência de nexo de causalidade, pois estas enfermidades poderiam se manifestar estando presente, ou não, a atividade laborativa. Pode-se verificar, entretanto, a existência de concausa entre a atividade laboral e o agravamento de uma doença de origem degenerativa ou

---

[90] BRANDÃO, Cláudio. *Acidente do trabalho e responsabilidade civil do empregador*. 2. ed. São Paulo: LTr, 2006, p. 247/262.

inerente a certo grupo etário, por exemplo. Da mesma forma, é preciso lembrar que muitas doenças ocupacionais são de natureza degenerativa e, provada sua relação direta com a atividade laborativa, o processo degenerativo deve ser caracterizado como doença do trabalho.[91]

As concausas (ou teoria das concausalidades), que iremos aprofundar mais adiante nesta obra, são as causas concorrentes ao acidente do trabalho. Não são necessariamente a causa principal, mas juntam-se a ela para a verificação do resultado, podendo ocorrer por fatores preexistentes, concomitantes ou supervenientes. Isso ocorre porque muitas vezes, ou mesmo na maioria das vezes, um acidente de trabalho não possui apenas uma causa, caracterizando-se como um encadeamento de eventos para os quais concorrem várias ações ou omissões, vários ambientes e condições de trabalho.

Para se ter uma ideia geral do que levou ao evento danoso, é preciso estudar todas as variantes e possibilidades, traçando-se um mapa de todas as possíveis relações de causa e efeito. Sob o ponto de vista da política legislativa, a adoção de concausas como um dos elementos caracterizadores dos acidentes de trabalho, representa um grande avanço no sentido de compreender uma realidade variada e com múltiplas faces, e com essa compreensão, aumentar o número de hipóteses enquadráveis como acidente de trabalho e, por consequência, aumentar o caráter protetivo da legislação. A aceitação das concausas parte do pressuposto de que a causa traumática ou o fator patogênico não geram idênticas consequências na totalidade das pessoas, diante da possibilidade de reações distintas e diferentes fatores agressivos.[92] Assim, as concausas, além de aumentar a proteção aos trabalhadores, por força da ampliação dos casos possíveis de caracterização de acidentes de trabalho, também propiciam uma melhor adaptação ao caso concreto, por atribuir as consequências específicas a múltiplos fatores agressivos à saúde do trabalhador.

Ainda com relação às concausas, é forçoso, desde já, se concluir que, diversamente do acidente típico, a doença ocupacional não tem origem exclusiva no ambiente de trabalho, sendo evidente que ao lado de fatores laborais, coexistem fatores externos (constitucionais, fisiológicos) que somados dão corpo a um estágio mais evoluído de incapacidade. Tal aspecto é notadamente verificado nos quadros psíquicos (depressivos) em que há estabelecimento do nexo de causalidade –

---

[91] OLIVEIRA, Sebastião Geraldo de. *Indenização por acidentes do trabalho ou doença ocupacional*. 4. ed. São Paulo: LTr, 2008, p. 50.

[92] BRANDÃO, Cláudio. *Acidente do trabalho e responsabilidade civil do empregador*. 2. ed. São Paulo: LTr, 2006, p. 198.

quando ao lado da pressão por produtividade, estresse/concorrência do ambiente de trabalho e eventual assédio moral (fatores laborais), se somam as características próprias da personalidade do empregado, a história pregressa de problemas mentais, inclusive na família, e a gravidade de outros eventos pretéritos ou atuais da vida penosa do trabalhador (fatores externos ao labor).[93]

Outra espécie de acidente de trabalho previsto na legislação brasileira são os acidentes *in itinere*, ou acidentes de trajeto. A inclusão ocorre pelos elevados índices de acidentes de trânsito que decorrem da atividade profissional, e não estão relacionadas com a condução de veículos por força de interesse puramente particular. Pela Lei nº 8.213/91, o acidente de trajeto inclui o acidente sofrido pelo segurado ainda que fora do local e horário de trabalho, no percurso da residência para o local de trabalho ou deste para aquela, qualquer que seja o meio de locomoção, inclusive veículo de propriedade do segurado.

Em princípio, o deslocamento do trabalhador para o local de trabalho, por meio próprio, não é de responsabilidade do empregador. A regra geral do tempo à disposição, caracterizado como tempo de serviço tanto aquele de efetivo trabalho como quanto aquele em que o trabalhador estiver à disposição do empregador, previsto no art. 4º da CLT,[94] reforça a ideia de que o empregador só deveria indenizar por acidente de trajeto quando ele próprio fornecesse o meio de transporte. Após alguma evolução legislativa, o modelo atual parte dos pressupostos de que a indenização por acidentes de trajeto de que trata o art. 21, IV, *d*, da Lei nº 8.213/91, é de natureza previdenciária e está inspirada pela teoria do risco. Por esta razão, menciona o trajeto de ida e vinda e qualquer meio de locomoção. Haverá de ter apenas o nexo de causalidade (nexo topográfico e nexo cronológico) e a comprovação do dano, para fins de gozo de benefício previdenciário.

Dito de outro modo, a concepção ampla de acidentes de trajeto se aplica para fins de caracterização de acidente de trabalho e, por consequência, para a concessão de benefícios previdenciários. Para fins de indenização paga diretamente pelo empregador, exige-se um nexo de causalidade qualificado ou, segundo outro entendimento, a ocorrência

---

[93] Em termos de exame jurisprudencial sobre a utilização da teoria das concausalidades em torno da doença ocupacional cabe o confronto entre o julgado no processo 0071100-11.2008.5.04.0030 com o julgado no feito 0042000-89.2007.5.04.0662.

[94] Considera-se como de serviço efetivo – duração não eventual ou contínua – o período em que o empregado esteja à disposição do empregador, aguardando ou executando ordens, salvo disposição especial expressamente consignada (MARTINEZ, Luciano. *Curso de direito do trabalho*. 2. ed. São Paulo: Saraiva, 2011, p. 117 e ss).

de culpa ou dolo do empregador (art. 7º, XXVIII, da CF/88).[95] Se não for desta maneira, todos os acidentes de trânsito ocorridos com transporte coletivo (ônibus, trens, metrôs, barcas, etc.) ensejariam a possibilidade de indenização acidentária (benefícios pagos pelo INSS) e também indenizações pelos empregadores. Isso levaria a transferir a responsabilidade de todos os infortúnios de trânsito para os empregadores, o que levaria a um sério questionamento sobre o equilíbrio do sistema.

O conceito de acidente de trabalho ocorrido fora do local de trabalho ainda inclui acidentes ocorridos de ordem ou na realização de serviço sob a autoridade da empresa; na prestação espontânea de qualquer serviço à empresa para lhe evitar prejuízo ou proporcionar proveito e em viagem a serviço da empresa, inclusive para estudo, quando financiada por esta dentro de seus planos para melhor capacitação de mão de obra, independentemente do meio de locomoção utilizado.

Como se vê, o nexo de causalidade é bastante extenso com relação aos motivos dos deslocamentos do trabalhador em função de seu trabalho para a empresa. Somente não haveria acidente de trabalho se demonstrada a ausência do nexo de causalidade por desvio de rota (ausência de nexo topográfico) ou por desvio de finalidade (ausência de nexo cronológico). São casos de interrupções, desvios ou prolongamentos do itinerário realizados por iniciativa do empregado, sem nexo de causalidade com o seu trabalho.[96]

Por último, duas hipóteses equiparadas a acidentes de trabalho: os fatos acidentais sem nexo de causalidade com o trabalho em si, mas ocorridos no local de trabalho e as doenças provenientes de contaminação acidental.[97]

Os fatos acidentais sem nexo direto com o trabalho em si, mas ocorridos no local de trabalho estão enumerados como: a) ato de agressão, sabotagem ou terrorismo praticado por terceiro ou companheiro de trabalho; b) ofensa física intencional, inclusive de terceiro, por motivo de disputa relacionada ao trabalho; c) ato de imprudência, negligência ou imperícia de terceiro ou companheiro de trabalho; d) ato de pessoa privada do uso da razão; e e) desabamento, inundação, incêndio e outros casos fortuitos ou decorrentes de força maior. Todas essas hipóteses ocorrem por fatos alheios à vontade das partes da relação de

---

[95] BARBOSA GARCIA, Gustavo Filipe. *Acidentes de trabalho*: doenças ocupacionais e nexo técnico epidemiológico. 4. ed. São Paulo: Método, 2011, p. 78 e ss.

[96] OLIVEIRA, Sebastião Geraldo de. *Proteção jurídica à saúde do trabalhador*. 5. ed. São Paulo: LTr, 2010, p. 224 e ss.

[97] ROCHA, Daniel Machado da; BALTAZAR JR., José Paulo. *Comentários à lei de benefícios da previdência social*. 10. ed. Porto Alegre: Livraria do Advogado, 2011, p. 109/110.

emprego (empregado e empregador), mas o evento danoso ocorre dentro do local de trabalho ou fora dele, mas em função do trabalho.[98]

Uma vez verificado, ensejará reparação via benefício previdenciário e, se provada a inexistência de medidas protetivas, também poderá atrair a responsabilidade civil do empregador. Como se sabe, o caso fortuito e a força maior são fatores excludentes do nexo de causalidade na reparação civil, mas o enquadramento como tal dependerá da natureza da atividade de empregador e das circunstâncias do caso concreto. A legislação, por exemplo, inclui como acidente de trabalho por equiparação os danos causados ao trabalhador por ato de pessoa privada do uso da razão. Entretanto, uma coisa é este ato ocorrer em um local de trabalho como o comércio e outra é o fato ocorrer dentro de uma clínica de recuperação de dependentes químicos. No primeiro caso, uma agressão por pessoa privada do uso da razão será, na grande maioria das vezes, um caso fortuito, decorrente de uma causalidade. No segundo, a probabilidade do trabalhador estar em contato com pessoas com surtos de insanidade ou surtos de abstinência é muito maior, devendo ser tomadas providências específicas para evitar acidentes.

Esse mesmo raciocínio se aplica às doenças provenientes de contaminação acidental. Em princípio, a própria definição traz o elemento fortuito ao descrever o fato como acidental, ou seja, independente de intenção humana. De qualquer forma, sempre haverá a possibilidade de se discutir se, no caso concreto, houve negligência, imprudência ou imperícia, que são os elementos caracterizadores da culpa ou se na hipótese em questão pode se cogitar em risco da atividade (doença profissional), em face da alta probabilidade de contaminação acidental ou da noção de perigo extremado, em face do contato com vírus ou bactéria de altíssimo poder letal.

Grosso modo, a título de apertada síntese, podemos dizer, de acordo com os termos do art. 19, 20 e 21 da Lei n° 8.213/91, que se o quadro infortunisto for caracterizado como acidente de trabalho, inclusive pela utilização da teoria das concausas, pode ser catalogado como acidente típico – evento traumático único quando prestado serviço ao empregador; doença ocupacional – desencadeada por exposição prolongada a agente agressivo no ambiente de labor; ou acidente de trajeto – evento traumático único quando do deslocamento do serviço para o lar ou do lar para o serviço.

Nesse amplo sentido, dentro das espécies de acidente de trabalho, podemos bem separar os acidentes (típicos e de trajeto) das doenças

---

[98] PAIXÃO, Floriceno; PAIXÃO, Luiz Antônio C. *A previdência social em perguntas e respostas*. 40. ed. Porto Alegre: Síntese, 2004, p.149.

ocupacionais (profissionais e do trabalho), como classicamente já faziam Oswaldo Opitz e Silvia Opitz: caracteriza-se, em regra, o acidente pela subitaneidade e a violência, ao passo que na doença, isso não ocorre, porque é um processo que tem certa duração, embora se desencadeie num momento certo, provocando a lesão corporal ou a perturbação funcional e até mesmo a morte; pode-se acrescentar, ainda, mais um elemento diferenciador, qual seja, a sua causa, que no acidente é externa, quando, quase sempre, na doença, ela se apresenta internamente devido ao processo silencioso peculiar a toda moléstia orgânica do homem.[99]

Já tendo sido feitas menções esparsas em relação à investigação/ caracterização do nexo causal em matéria acidentária, oportuno abrirmos aqui um parênteses mais alongado para tratarmos em miúdos da problemática.

Há realmente dificuldades concretas para a caracterização da origem laboral de um problema de saúde incapacitante. Mesmo para peritos experientes em lides forenses, a configuração ou exclusão do nexo é tarefa árdua, constando frequentemente nos laudos oficiais a observação de que qualquer conclusão jurisdicional a respeito do nexo causal deve levar em consideração outros legítimos elementos (de prova) constantes nos autos.[100] Isso sem levar em conta a possibilidade de utilização das normas jurídicas de regência para ser definido se é suficiente a prova existente para fins de caracterização do nexo causal e/ou se a parte se desincumbiu do ônus que lhe competia.

Além dos elementos documentais-técnicos úteis para o estabelecimento de uma relação firme entre o quadro clínico incapacitante e o ambiente de trabalho, torna-se oportuno o estudo (complementar) das regras legais que estabelecem o que pode ser conceituado como acidente de trabalho e se se pode estabelecer alguma espécie de presunção (relativa) pró-operário de que a demonstrada moléstia é de origem ocupacional.

Há elementos objetivos, especialmente de ordem documental, que auxiliam na caracterização/confirmação do infortúnio laborativo na

---

[99] OPITZ, Oswaldo; OPITZ, Silvia. *Acidentes do trabalho e doenças profissionais*. 3. ed. São Paulo: Saraiva, 1988, p. 22.

[100] Tal situação não evidencia propriamente a necessidade de aplicação do art. 436 do CPC, o qual consagra a tradicional possibilidade de relativização/afastamento do laudo oficial diante dos demais elementos probantes (prova documental e oral, por exemplo). Revela, na verdade, para a necessidade de análise completa de todas as lícitas provas aportadas ao feito, a fim de que se encontre pontos seguros de contato entre elas. A ideia ora esposada, portanto, é de complementariedade (na análise das provas); e não de exclusão (pela via da opção de utilização de um meio de prova em detrimento de outro). Nesse sentido, apropriado é o julgado da 3ª Turma do Tribunal Regional do Trabalho da 4ª Região no processo nº 01193-2006-030-04-00-0, de relatoria do Juiz Convocado Francisco Rossal de Araújo, publicado em 11/11/2009.

via administrativa previdenciária ou judicial. A matéria separa-se em três grupos fundamentais: a) documentos técnicos; b) teoria das concausalidades; c) estabelecimento do nexo técnico epidemiológico.[101]

O principal documento analisado para fins de investigação/caracterização do nexo causal é a Comunicação de Acidente de Trabalho (CAT). Esta deve vir formalmente preenchida com a explicitação do fato gerador (as circunstâncias no ambiente de labor que ocasionaram o evento acidentário), do agente emitente (o responsável pela emissão do documento, constante em alargado rol legal contemporâneo) e incidência da ocorrência (sendo anunciado se a CAT é inicial ou é de reabertura).

A CAT deve ser preenchida em lapso temporal logo posterior à ocorrência do acidente de trabalho, a fim de que não pairem dúvidas sobre a sua lisura. No entanto, mesmo em função de certa ignorância do empregado-segurado em relação à prática para reconhecimento do problema de saúde como acidentário, não é incomum que venha a ser preenchida certo tempo depois – até porque não há uma imposição (temporal) para que o próprio trabalhador acidentado providencie na emissão da CAT, se tal providência compete, por dever legal, ao empregador.[102] Mesmo assim, no documento haverá espaço bem diferenciado para ser informada a data do preenchimento formal da CAT e a data real do acidente ou início da doença do trabalho.

Por ser o documento que registra o acidente do trabalho, a sua ocorrência ou o agravamento de doença ocupacional, a emissão da CAT, repise-se, é obrigatória por parte do empregador, conforme estabelece o Decreto nº 3.048/99, a Lei nº 8.213, de 1991, e as NR-7 e NR-15 do MTE, sob pena de multa pelo Ministério do Trabalho, que pode variar entre 630 (seiscentos e trinta) e 6.304 (seis mil, trezentos e quatro) UFIR, dependendo da gravidade apurada pelo órgão fiscalizador.

Destaca-se que, de acordo com Portaria MPAS nº 5.817/99, a CAT deverá ser emitida para todo acidente ou doença relacionados com o trabalho ainda que não haja afastamento ou incapacidade – quando temos configurada hipótese da denominada "CAT de registro".

Isso porque, além de se destinar a dar garantia de assistência acidentária ao empregado junto ao INSS ou até mesmo de uma aposen-

---

[101] RUBIN, Fernando. Proteção jurídica frente ao acidente de trabalho: medidas preventivas e repressivas. In: *Teatro de sombras*: relatório da violência no trabalho e apropriação da saúde dos bancários. Organizadores Jácéia Aguilar Netz e Paulo Antônio Barros Oliveira. Porto Alegre: Editora SindBancários Publicações, 2011, cap. 8, p. 121/131.

[102] BARBOSA GARCIA, Gustavo Filipe. *Acidentes de trabalho*: doenças ocupacionais e nexo técnico epidemiológico. 4. ed. São Paulo: Método, 2011, p. 52.

tadoria por invalidez, a emissão da CAT serve para fins de controle estatísticos e epidemiológicos junto aos órgãos Federais, sendo seu registro fundamental para a geração de análises estatísticas que determinam a morbidade e mortalidade nas empresas e para a adoção das medidas preventivas e repressivas cabíveis, sendo considerados, também, os casos de reconhecimento de nexo técnico epidemiológico na forma do art. 21-A da citada Lei. Ademais, nos casos de perda auditiva, ainda que o empregado não tenha sido afastado do trabalho e não haja nexo causal do trabalho com a sua perda auditiva, a emissão da CAT é necessária para fins estatísticos e epidemiológicos, de acordo com a Instrução Normativa no. 98 INSS/DC de 05.12.2003, Seção II, item 3.

A fim de elucidarmos melhor o cenário, temos que as duas grandes hipóteses em que se cogita da relevância da emissão da "CAT de registro" circunscreve-se ao afastamento por acidente de trabalho em período não superior a 15 dias e pelo problema de ordem laboral que exige afastamento do labor por período superior a 15 dias quando o trabalhador já percebe uma aposentadoria previdenciária do INSS. Em ambos os casos, houve o acidente, o que determina a comunicação, mas por força de lei o empregado não faz jus ao benefício por incapacidade acidentária (B91).

A respeito do agente emitente, a legislação atual autoriza que não só a empresa tenha o direito de emitir a CAT, abrindo a possibilidade para que outras entidades tenham a importante prerrogativa: como o sindicato da categoria profissional, a Delegacia Regional do Trabalho e mesmo o médico do trabalho que vem acompanhando o obreiro (art. 336, § 3º, do Decreto nº 3.048/99 e art. 224, IV, da IN nº 02/07).

Boa parte de empresas tendem a não reconhecer o nexo causal a partir da emissão da CAT, a fim de que não venham, com essa medida, a criar verdade prova robusta (contra si) que determine ulterior prejuízo (notadamente financeiro) – que ocorreria, *v.g.*, com o desfecho favorável ao empregado de processo de reparação de danos em razão do acidente de trabalho.

Segundo pesquisa efetuada em 2001 pelo Instituto Nacional de Prevenção às LER/DORT, apenas 2% das empresas emitem a CAT, o que revela também para a ineficiência dos mecanismos de fiscalização em relação aos acidentes de trabalho, bem como a precariedade das estatísticas relacionadas pelos órgãos públicos.[103]

Daí por que a legislação atual, nos termos do art. 22, § 2º, Lei nº 8.213/91, permite que outras personalidades possam apresentar o do-

---

[103] SANCHEZ, Adilson. *Advocacia previdenciária*. 4. ed. São Paulo: Atlas, 2012, p. 254.

cumento junto ao INSS a fim de que venha o segurado a perceber um benefício de natureza acidentária, com todas as decorrentes prerrogativas da lei.

A comunicação de acidente de trabalho ou doença profissional será feita à Previdência Social em formulário próprio, preenchido em seis vias: 1ª via (INSS), 2ª via (empresa), 3ª via (segurado ou dependente), 4ª via (sindicato de classe do trabalhador), 5ª via (Sistema Único de Saúde) e 6ª via (Delegacia Regional do Trabalho).[104]

Por fim, com respeito à CAT, é importante que o documento apresente se o problema de saúde incapacitante é originário ou se se trata de uma recidiva de sintomas (problema recorrente). No primeiro caso, a CAT será inicial (código 01); no segundo, de reabertura (código 02).[105] Em sendo de reabertura, o documento traz forte indício da não provisoriedade (*rectius:* da significância) do quadro incapacitante, a autorizar a possibilidade concreta de percepção de um benefício acidentário definitivo pelo segurado – especialmente se confirmada, por outros elementos, a hipótese de quadro cronificado, sujeito a recidivações.

Eis o grande enfoque do ponto em termos previdenciários; por outro lado, em termos de reparação civil, uma reabertura de CAT pode trazer importante indício de alguma atitude dolosa ou, ao menos, culposa da empresa em termos de incoerência no (não) afastamento do empregado de setores de risco ocupacional e/ou imprecisão no exame médico de retorno, em que deveriam constar as restrições funcionais daquele empregado que volta ao trabalho após período de afastamento em benefício acidentário.[106]

Esse número da CAT (código 01 ou 02) representa o próprio histórico do problema de saúde ocupacional, e por isso sendo a CAT originária da empresa, e se havendo recidiva de sintomas o empregador se negar agora a emitir novo documento, outra entidade legalmente habilitada, como o sindicato, *v.g.*, deverá emitir a CAT e apontar o código (02) de reabertura. A prática do foro, aliás, nos revela que a empresa tende a não apontar o código 02 (reabertura) se a CAT originária não foi emitida por ela mesma – dando implicitamente a entender, com essa atitude inadequada, que só o empregador tem poderes legítimos para reconhecer a natureza e a origem acidentária do infortúnio, o que,

---

[104] Ministério da Previdência Social. Disponível em <http://www1.previdencia.gov.br/pg_secundarias/beneficios_06_01.asp>. Acesso em fev/2014.

[105] O código de reabertura é sempre 02, independente se se trata da primeira, da segunda ou da terceira reabertura de CAT emitida pelo agente legitimado por lei – RUBIN, Fernando; ROSSAL, Francisco. *Acidentes de Trabalho*. São Paulo: LTr, 2013, p. 40 e ss.

[106] VILELA VIANNA, Cláudia Salles. *Previdência Social – custeio e benefícios*. 2. ed. São Paulo: LTr, 2008, p. 359/360.

s.m.j., fere as disposições de lei. Portanto, o registro de reabertura da CAT está diretamente vinculado à história do problema ocupacional (se este está sendo verificado em momento originário ou se é recorrente), desimportando aqui se a CAT de reabertura é lavrada ou não pelo mesmo agente que emitiu a primeira.

Cumpre referir que os médicos que trabalham em empresas têm o dever de emitir a Comunicação de Acidente do Trabalho, sempre que houver acidente ou moléstia causada pelo trabalho, conforme estabelece o art. 3°, IV, da Resolução n° 1488/98 do Conselho Federal de Medicina. A referida norma ainda estabelece que essa emissão da CAT deve ser feita até mesmo na suspeita de nexo etiológico da doença com o trabalho, devendo ser fornecida cópia dessa documentação, ao trabalhador, confirmando a previsão do art. 169 da CLT. Portanto, a empresa não pode se eximir de preencher a CAT, sob pena de ser autuada e sujeita às multas; cabendo aos sindicatos e entidades representativas de classe acompanharem a cobrança das citadas multas.[107]

O artigo 10 da Convenção n° 161 da OIT garante aos profissionais da área de saúde no trabalho o gozo de plena independência profissional, tanto a respeito do empregador como dos trabalhadores e de seus representantes, sem falar que o Código de Ética Médica estabelece que:

> "O médico não pode, em qualquer circunstância ou sob qualquer pretexto, renunciar à sua liberdade profissional, devendo evitar que quaisquer restrições ou imposições possam prejudicar a eficácia e correção de seu trabalho".

Ademais, destaca-se que o profissional de medicina empregado de empresa deve notificar, formalmente, o órgão público competente, quando houver suspeita ou comprovação de transtornos da saúde atribuíveis ao trabalho, bem como recomendar ao empregador a adoção dos procedimentos cabíveis, independentemente da necessidade de afastar o empregado do trabalho (inciso V do art. 3°).

Ainda quanto ao momento em que a CAT deve ser emitida, observa-se que o INSS, através da Ordem de Serviço INSS/DSS n° 621/99, estabeleceu que: "No caso de doença profissional ou do trabalho, a CAT deverá ser emitida após a conclusão do diagnóstico", sendo que:

> "Todos os casos com diagnóstico firmado de doença profissional ou do trabalho devem ser objeto de emissão de CAT pelo empregador, acompanhada de relatório médico preenchido pelo médico

---

[107] TSUTIYA, Augusto Massayuki. *Curso de direito da seguridade social*. 3. ed. São Paulo: Saraiva, 2011.

do trabalho da empresa, médico assistente (serviço de saúde público ou privado) ou médico responsável pelo PCMSO (Programa de Controle Médico de Saúde Ocupacional – previsto na NR nº 7), com descrição da atividade e posto de trabalho para fundamentar o nexo causal e o técnico".[108]

Essa norma favorece que os empregados acidentados permaneçam sem a devida assistência, tendo em vista que muitas empresas opõem resistência à emissão da CAT sob a alegação de que não existe ainda "diagnóstico firmado" da doença ocupacional. A natural dificuldade médica de se chegar a um diagnóstico se eleva nestes casos de doenças relacionadas com o trabalho, pois elas também podem ser diagnosticadas como doenças degenerativas ou do grupo etário, o que provoca a realização de inúmeros exames, atrasando por demais a elaboração do diagnóstico final.

Assim, não deve se levar ao pé da letra o discutido enunciado contido na Ordem de Serviço nº 621/99 do INSS, uma vez que a CAT já pode ser emitida no momento em que houver suspeita diagnóstica fundamentada de doença relacionada ao trabalho, conforme estabelece o art. 169 da CLT antes referido.

Além da CAT, os documentos que integram o histórico funcional/laborativo do obreiro corporificam-se também em importantes elementos para a investigação/caracterização do nexo causal em matéria acidentária. Estamos falando especificamente do teor do Perfil Profissiográfico Previdenciário (PPP), e dos registros de limitações/infortúnios constantes em Atestados de Saúde Ocupacionais (ASOs) e Carteira de Trabalho (CTPS).[109]

No PPP, geralmente pelo responsável geral do setor de recursos humanos da empresa (RH), é montado o panorama das atividades desenvolvidas pela empresa e são apontadas em detalhes as funções realizadas pelo empregado, com o período respectivo e os materiais/agentes aos quais está exposto o obreiro. É, por isso, documento especialmente direcionado ao órgão previdenciário (como o próprio nome do documento revela), a fim de que possa ser melhor estabelecido ou descaracterizado o nexo causal, bem como reveste-se de significância para o reconhecimento de tempo especial (que exige exposição do segurado a condições permanentes de insalubridade/periculosidade).

---

[108] OLIVEIRA, Sebastião Geraldo de. *Proteção jurídica à saúde do trabalhador*. 5. ed. São Paulo: LTr, 2010, p. 227/228.

[109] Tópico atrelado à segurança e medicina do trabalho – consultar: MARTINEZ, Luciano. *Curso de direito do trabalho*. 2. ed. São Paulo: Saraiva, 2011, p. 249 e ss.

Quanto aos ASOs, são da responsabilidade do médico do trabalho da empresa, o qual tem a obrigação de registrar periodicamente, e fielmente, as condições de saúde de cada trabalhador, anotando se em determinada avaliação o obreiro está apto, inapto ou mesmo apto com restrições (discriminando, nesse último caso, as atividades que não pode executar), bem como deve o profissional técnico deixar consignado os riscos ocupacionais a que aquele empregado está submetido ao realizar as suas atividades hodiernas (*v.g.*, riscos ergonômicos, riscos de ruído excessivo, riscos de contaminação).

Os respectivos riscos ocupacionais sobreditos podem desenvolver, como normalmente ocorre, várias doenças ocupacionais, como LER/DORT (Lesões por Esforços Repetitivos/Doenças Osteomusculares Relacionadas ao Trabalho), PAIR (Perda Auditiva Induzida por Ruído), Pneumoconioses e IOB (Intoxicação Ocupacional por Benzeno). Interessante ser salientado que o INSS, por meio de normas infralegais, tratou de reconhecer, em detalhes, a gravidade e o nexo causal desses quadros clínicos; senão vejamos: Ordem de serviço n° 606/1998 do Ministério da Previdência Social (OS – norma técnica pioneira sobre LER/DORT); Instrução Normativa n° 98/2003 da Previdência Social (IN/INSS – norma técnica contemporânea sobre LER/DORT, que ainda admite, com maior ênfase, a vinculação de transtornos mentais com os quadros ortopédicos); Ordem de Serviço n° 607/1998 do Ministério da Previdência Social (OS – norma técnica sobre Intoxicação Ocupacional por Benzeno); Ordem de Serviço n° 608/1998 do Ministério da Previdência Social (OS – norma técnica sobre PAIR); Ordem de Serviço n° 609/1998 do Ministério da Previdência Social (OS – norma técnica sobre Pneumoconioses).[110]

No que toca à CTPS, deve ser juntada a cópia integral do documento nos processos administrativos e judiciais em que se discute a natureza acidentária de um problema de saúde incapacitante. Ocorre que – além dos registros tradicionais de admissão/demissão, cargo na empresa com o respectivo período e remuneração – há espaço próprio no documento para anotações a respeito da saída do trabalhador em benefício por incapacidade (geralmente, auxílio-doença), com averbação do período do afastamento (Data Inicial Benefício – DIB; e Data Cessação Benefício – DCB) e ainda do código que inicialmente foi registrado o benefício (B91 – auxílio-doença acidentário; ou B31 – auxílio-doença previdenciário). Esse espaço encontra-se no final da CTPS.

---

[110] NOVAES FILHO, Wladimir – organizador. *Avaliação de incapacidade laborativa – benefícios previdenciários, normas técnicas*. São Paulo: LTr, 1998, p. 11 e ss.

Da mesma forma, são relevantes os documentos produzidos no próprio ambiente de labor, lavrados pelo empregador e que apontam se foram ou não adotadas efetivas medidas de prevenção no combate aos acidentes de trabalho.

Tratando-se de documentos vinculados ao Serviço Especializado de Engenharia de Segurança e Medicina do Trabalho (SEESMET) e à Comissão Interna de Prevenção de Acidentes (CIPA), de cuja atuação e interação decorrem especialmente o Programa de Controle Médico de Saúde Ocupacional (PCMSO), o Programa de Prevenção de Riscos Ambientais (PPRA) e o controle sobre a utilização obrigatória do Equipamento de Proteção Individual do empregado (EPI).[111]

Com o objetivo de diminuir o número de acidentes de trabalho no Brasil, a legislação evoluiu para exigir medidas preventivas mais sérias das empresas, sendo tal esforço bem identificado com a publicação da Portaria n° 3.213/78 do Ministério do Trabalho e Emprego, e a consequente vigência de Normas Regulamentares (NRs), que dispõem sobre procedimentos obrigatórios relacionados à medicina e à segurança no trabalho.[112]

Considera-se EPI todo dispositivo ou produto, de uso individual, utilizado pelo trabalhador, destinado à proteção de riscos suscetíveis de ameaçar a segurança e a saúde no trabalho. É dever da empresa fornecer aos empregados gratuitamente o equipamento adequado, sendo, pois, fator importante na fixação da indenização por acidente de trabalho o fato de o empregador não fornecer e/ou não exigir o uso do material, resultando daí o evento infortunístico. Da mesma forma, é importante, notadamente nas lides de reparação de danos contra o empregador, a juntada pela própria empresa do PCMSO e do PPRA, a fim de se averiguar se foram tomadas as medidas preventivas para evitar o acidente de trabalho (culpa contra a legalidade).[113]

Por último, voltando ao debate estritamente previdenciário, é preciso mencionar a possibilidade de juntada de documentos complementares, produzidos unilateralmente pelo empregado/segurado, que podem trazer dados elucidativos para a comprovação do infortúnio laborativo. Em outros termos, trata-se de documentos que, por si só, claramente não teriam força para viabilizar o reconhecimento do nexo

---

[111] Tópico também atrelado à segurança e medicina do trabalho – consultar: BARBOSA GARCIA, Gustavo Filipe. *Curso de direito do trabalho.* 4. ed. Rio de Janeiro: Forense, 2010, p. 1027 e ss.

[112] No contexto dessas NRs, há espaço próprio para a regulamentação do SEESMT (NR n° 4), da CIPA (NR n° 5), do EPI (NR n° 6), do PCMSO (NR n° 8) e do PPRA (NR n° 9) – *Segurança e Medicina do Trabalho.* 9. ed. São Paulo: Saraiva, 2012.

[113] OLIVEIRA, Sebastião Geraldo de. *Indenização por acidentes do trabalho ou doença ocupacional.* 4. ed. São Paulo: LTr, 2008, p. 159 e ss.

causal, mas podem contribuir para tal finalidade se analisados articuladamente com os outros elementos centrais para a investigação/caracterização do problema de saúde incapacitante (como a CAT, o ASO, o PPP, o PCMSO e o PPRA).

Eis o espaço próprio em que deve ser dado destaque aos exames e atestados médicos particulares – com a explicitação do Código Internacional de Doenças (CID); comprovantes de fisioterapia – com explicitação do período de tratamento e a quantidade de sessões; e prontuários médicos de clínicas/hospitais – com a explicitação do motivo e o tempo máximo de internação.

Durante o lapso temporal em que o empregado/segurado permanece incapacitado, há um corpo de profissionais que vão atestando o desenvolvimento do estado clínico, sendo que em tais documentos, além do registro da extensão contemporânea do quadro incapacitante, normalmente aparecem destacadas as origens (*rectius:* fatores) que desencadearam o problema de saúde incapacitante.

Pois bem. Feita a análise prioritária dos vários documentos que auxiliam na demonstração do infortúnio laborativo, é importante ser compreendido, na sequência, e com maiores detalhes, qual é o critério legal escolhido pelo sistema normativo para fins de reconhecimento do nexo causal.

Para fins de reconhecimento da natureza acidentária da incapacidade, basta que o ambiente de trabalho tenha sido um fator importante para o desenvolvimento ou agravamento do quadro clínico, não precisando ser fator exclusivo, ou mesmo principal/preponderante para o infortúnio.

Este é o enquadramento da problemática destacado pela (denominada) teoria das concausalidades, a qual encontra previsão no art. 21 da Lei n° 8.213/91 e aplica-se propriamente para as doenças ocupacionais – já que, ratificamos, nos casos de acidentes típicos ou de trajeto obviamente há um fator decisivo (*rectius:* pontual) que determina, por si só, a caracterização do acidente de trabalho.

Repare a relevância da complementação do estudo do nexo, a partir da presença da teoria das concausalidades, diante da seguinte indagação: bastaria que inúmeros e legítimos documentos técnicos apontassem que um quadro infortunístico (PAIR, *v.g.*) tivesse sido causado pelo trabalho (ambiente de labor ruidoso), mas também por uma soma de vários outros problemas externos (trauma acústico na infância, desgaste do aparelho auditivo próprio da idade), se a legislação de regência exigisse que o trabalho fosse causa exclusiva ou mesmo a causa preponderante? A resposta é evidentemente negativa, o que inocorre diante do texto do art. 21, I, da Lei n° 8.213/91, o qual autoriza, para fins de reconhecimento do nexo causal, que a causa laboral seja simplesmente uma dentre tantas outras externas ao ambiente de trabalho.[114]

A lógica do raciocínio esposado – teoria das concausalidades – vale para toda e qualquer doença ocupacional, já que em nenhum desses casos o trabalho será fator exclusivo gerador de incapacidade – lembrando que já foi mencionada, *v.g.*, a natureza complexa e multifatorial dos quadros psíquicos/depressivos, os quais possuem sempre na sua gênese uma carga de fatores genéticos/constitucionais, aos quais podem se somar fatores próprios do ambiente de trabalho prejudiciais à saúde mental do obreiro.

Não se deve esquecer, igualmente, como bem pondera Hertz J. Costa,[115] que a predisposição patológica do trabalhador pode ainda não ser doença, ou patogenia. Pode ser uma causa potencial, oculta, que prepara o organismo para, em um certo lapso de tempo, e segundo variado grau de intensidade dos agentes externos, transformar-se em determinada doença incapacitante. No acidente de trabalho, as condições ambientais e de execução da atividade podem então funcionar como agentes ou causas próximas desencadeadoras da doença. Neste caso, a história clínica do obreiro, constante dos arquivos do empregador, à época do desligamento e também anteriores a ela, representam dados importantes para o estabelecimento do nexo causal.

Agora, se é verdade, de acordo com a informada Lei de Benefícios do INSS, que a circunstância de o ambiente de trabalho ser fator principal ou importante junto com várias outras causas não é deveras significante para fins de reconhecimento do nexo causal, certo, por outro lado, que a distinção é fundamental para fins de eventual quantificação da culpa da empresa no evento infortunístico (em ação indenizatória movida contra o empregador).

Uma coisa então é o reconhecimento do nexo causal pela teoria das concausalidades, usualmente empregada no âmbito do direito previdenciário (desimportando se o trabalho foi fator preponderante ou

---

[114] APELAÇÃO. ACIDENTE DO TRABALHO. AÇÃO ACIDENTÁRIA. AUXÍLIO-ACIDENTE. PERDA AUDITIVA OCUPACIONAL. REDUÇÃO DA CAPACIDADE LABORAL. Dos elementos dos autos ficou constatado que a perda auditiva do autor decorreu de sua atividade laborativa. Portanto, conclui-se que há nexo de causa e efeito entre a história ocupacional do autor e sua perda auditiva, ainda que estejam reconhecidas concausas. Justificada a concessão do benefício do auxílio-acidente, com fundamento no artigo 86 da Lei n°. 8.213/91 (...). APELAÇÃO PARCIALMENTE PROVIDA. NO MAIS, REFORMADA PARCIALMENTE A SENTENÇA EM REEXAME NECESSÁRIO. (Apelação Cível n° 70042216614, Décima Câmara Cível, Tribunal de Justiça do RS, Relator: Ivan Balson Araújo, Julgado em 28/07/2011).

[115] COSTA, Hertz J. *Acidentes de trabalho na atualidade.* Porto Alegre: Síntese, 2003, p. 80.

uma causa simples conjugadas com outras externas); outra, é a quantificação mais precisa da participação do trabalho no desenvolvimento do quadro ocupacional, a importar em maior indenização a ser sustentada pelo empregador, em ação de reparação de danos pelo problema de saúde do funcionário da empresa, caso demonstrado que o ambiente de labor foi sim causa preponderante/principal da doença ocupacional.

Por fim, cabe menção ao Nexo Técnico Epidemiológico (NTEP),[116] instituído no final de 2006.

A partir de estudos estatísticos e científicos sobre as atividades profissionais das empresas e os principais infortúnios que vinham se sucedendo nos empregados, em razão dessas atividades, foi montado, no país, quadro que estabelece um elo apriorístico entre a doença e o ramo de atividade profissional. Ganha destaque, a partir da instituição do NTEP, a expressão "doença profissional", sendo certo que o novel instituto se presta para caracterização de um tipo especial de doença ocupacional; não sendo usado, por outro lado, para caracterização de acidentes típicos ou de trajeto.

A existência do Nexo Técnico Epidemiológico criou a figura da presunção legal a respeito da relação entre a moléstia e o trabalho desenvolvido, sendo forjada, pelos dados estatísticos e científicos já mencionados, a presunção relativa, por ex., de que bancário com problemas ortopédicos possui quadro ocupacional de LER/DORT.

Tal iniciativa, incrementada a partir da Lei n° 11.430, que instituiu o art. 21-A na Lei n° 8.213/91, veio para diminuir o problema das subnotificações em acidentes de trabalho, já que antigamente cabia ao trabalhador, com todas as suas limitações (financeiras, técnicas e sociais), os esforços para provar a origem laboral do problema de saúde incapacitante – acontecendo daí, não raro, o não reconhecimento da natureza acidentária do benefício por falta de provas a respeito. Vale ainda destacar que a aplicação do NTEP veio a dar maior respaldo às CATs emitidas por agentes legitimados outros que não a empresa. Acontece que o INSS, em tempo anterior à novel alteração legal, oferecia inúmeras resistências para a caracterização do nexo causal quando a CAT não fosse emitida pela empresa (*v.g.*, CAT do sindicato); situação que diminuiu nitidamente a partir da mudança legal de 2006, a qual sensivelmente facilitou a caracterização da doença ocupacional no país.

---

[116] ROCHA, Daniel Machado da; BALTAZAR JR., José Paulo. *Comentários à lei de benefícios da previdência social*. 10. ed. Porto Alegre: Livraria do Advogado, 2011, p. 111.

Cabe destacar, em especial, a situação do nexo técnico epidemiológico e a caracterização da depressão como doença do trabalho.[117] Embora prevista, por ex., já na IN 98/2003, do INSS, a relação de quadros de LER/DORT com sintomas depressivos, sempre fora tratado com muitas restrições pela perícia do INSS o reconhecimento de que quadro de ordem mental possui relação com o ambiente de labor, de maneira isolada ou relacionada com outras lesões (no caso acima, de ordem ortopédica) – sendo que tal circunstância em parte se justificava pela dificuldade do próprio perito particular do trabalhador atestar por escrito o nexo etiológico, como já lembrado. Com a instituição do NTEP, passaram a ser indicadas diversas classes de CNAE em que se reconhece o nexo etiológico com essas enfermidades, caracterizando-a como doença profissional (presunção *juris tantum*) – como os atendentes de *call center*.

Mesmo assim, algumas malfadadas recordações do passado ainda se fazem presentes nas agências da autarquia federal, embora felizmente em número bem menor. O NTEP, ao que parece, veio para ficar, sendo pequenos os casos de desrespeito à presunção por ele criada, em que o INSS insiste em conceder benefício não acidentário ao trabalhador que se encaixa no perfil descrito.

Agora, ressalta-se por oportuno, a presunção "pró-operário" instituída pelo NTEP não é absoluta (presunção *juris tantum* – que admite prova em contrário),[118] cabendo à empresa protocolar junto ao órgão previdenciário pedido de contestação do nexo causal, o qual será julgado na via administrativa – determinando a autarquia federal, se for o caso, a descaracterização da natureza acidentária do benefício concedido;[119] situação que obviamente traz vantagens à empresa, especialmente interessada em afastar, desde o princípio, uma prova robusta de relação sua com o evento infortunístico (que poderia inclusive determinar sua responsabilização civil em ulterior ação trabalhista de reparação de danos).

Em linguagem técnica previdenciária, a empresa apresentará pedido de contestação ao nexo causal para que o benefício acidentário seja transformado em não acidentário (*rectius:* previdenciário). Deverá a empresa justificar a não aplicação do nexo técnico epidemiológico, ao caso concreto, quando dispuser de dados e informações que demons-

---

[117] BARBOSA GARCIA, Gustavo Filipe. *Acidentes de trabalho:* doenças ocupacionais e nexo técnico epidemiológico. 4. ed. São Paulo: Método, 2011, p. 108.

[118] A respeito, pode-se consultar obra mais específica: MARTINEZ, Wladimir Novaes. *Prova e contraprova do nexo epidemiológico.* São Paulo: LTr, 2008.

[119] VILELA VIANNA, Cláudia Salles. *Previdência Social – custeio e benefícios.* 2. ed. São Paulo: LTr, 2008, p. 355/356.

trem que os agravos não possuem nexo técnico com o trabalho exercido pelo trabalhador, sob pena de não conhecimento da alegação em instância administrativa. Uma vez apresentada contestação ao NTEP pelo empregador e sendo admitido preliminarmente pelo INSS o teor da manifestação, o empregado terá direito a acesso a todas as informações e documentos juntados a fim de que possa se defender em prazo de dez dias, sendo na sequência proferida decisão pelo órgão previdenciário – da qual cabe recurso administrativo por quaisquer das partes envolvidas.[120]

Por fim, registre-se que a nova sistemática do nexo técnico epidemiológico não dispensa a obrigatoriedade da emissão de CAT, sendo na verdade mais um importante elemento forjado para fins de legitimamente ser configurado o nexo causal. Nesse sentido, cabe destacar importante decisão, abordando a obrigatoriedade da emissão de CAT pelo empregador, mesmo em se discutindo situação de presunção de nexo causal na hipótese de doença profissional, LER/DORT no ramo bancário:

> "(...) Em caso de suspeita de LER/DORT, é obrigatória a emissão da CAT pela instituição bancária, pois a competência para auferir a existência de nexo técnico entre a doença e o labor é do órgão previdenciário (art. 169 da CLT c/c art. 337 do Decreto 3.048/99 e item 8 da IN 98/2003 do INSS). Presume-se o nexo técnico epidemiológico entre as doenças e as atividades econômicas elencadas no Regulamento da Previdência, sendo do empregador o ônus da prova quanto à não caracterização da doença ocupacional (inovação legislativa decorrente da MP 316, de 11.08.2006, convertida na Lei n° 11.430/2006 que acrescentou o art. 21-A à Lei n° 8.213/91 e da nova redação dada ao art. 337 do Decreto n° 3.048/99 pelo Decreto n° 6.042/2007). Previsão regulamentar de reconhecimento objetivo de nexo causal entre a maioria das doenças classificadas como LER/DORT e a atividade laboral em bancos múltiplos (...)".[121]

---

[120] KEMMERICH, Clóvis Juarez. *O processo administrativo na Previdência Social – curso e legislação*. São Paulo: Atlas, 2012, p. 44 e ss.

[121] TRT 9ª Região, 5ª Turma, RO 98905-2004-007-09-00-9-ACO-07300-2008, Rel. Rubens Edgard Tiemann, DJPR 11.03.2008.

8. Benefícios por incapacidade e repercussão na concessão das aposentadorias previdenciárias

Iniciaremos a discussão de importantes tópicos específicos envolvendo os benefícios por incapacidade, tratando da relação de cada um deles com as aposentadorias previdenciárias do sistema, especialmente a maior delas: a aposentadoria por tempo de contribuição.

Ocorre que o tempo em gozo do auxílio-doença, em razão de sua Renda Mensal Inicial – RMI – ser de 91% do salário-benefício, em que visualizada uma espécie de desconto embutido de 9% a título de contribuição previdenciária do segurado, vem servindo para fins de contagem de tempo de contribuição. Ou seja, todo o período em que o segurado permanecer em benefício provisório, recuperando-se do seu problema de saúde, pode ser utilizado para fins de composição de sua ulterior aposentadoria por tempo de contribuição (B42).

Registra o art. 55 da Lei n° 8.213/91 que o período em gozo de auxílio-doença será computado para a aposentadoria por tempo de contribuição se intercalado entre períodos de atividade; já o Decreto n° 3.048/99, pelo seu art. 60, IX, indica que somente se o benefício por incapacidade for decorrente de acidente de trabalho, o interregno será computado se intercalado ou não.[122]

Não nos parece que haja qualquer lógica em diferenciar, neste particular, o beneficio auxílio-doença de natureza acidentária (B91) do auxílio-doença de natureza previdenciária (B31). Mesmo porque a RMI de ambos é exatamente igual – 91% salário-benefício, existindo o anunciado desconto embutido de 9% tanto em uma modalidade como na outra.

---

[122] DUARTE, Marina Vasques. *Direito previdenciário.* 7. ed. Porto Alegre: Verbo Jurídico, 2011, p. 246.

Nesse diapasão, entendemos que há justificativa plausível para em ambos os casos ser computado o interregno se intercalado ou não. O que significa dizer que após um período em benefício por incapacidade, quando da alta do benefício, se o segurado já tiver tempo de contribuição suficiente para requerer o seu B42, inclusive levando em consideração o período em auxílio-doença, poderia imediatamente requerer a aposentadoria previdenciária junto à agência do INSS, sem a necessidade de voltar a contribuir para o sistema.

No entanto, a jurisprudência majoritária entende que o Decreto n° 3.048, no trato do tema, acabou por contrariar a disciplina da Lei n° 8.213, hierarquicamente superior, prevalecendo o entendimento no sentido de que é cabível a contagem do período de gozo do auxílio-doença como tempo de contribuição, desde qual tal período seja intercalado com outros de efetiva contribuição ao sistema previdenciário.[123]

Na prática, tal discussão não gera ao segurado significativo problema, já que será suficiente, para cumprir o comando legal, a efetivação de ao menos uma contribuição posterior ao INSS. No caso de alta de benefício auxílio-doença pelo segurado celetista, deverá voltar ao ambiente de labor, permanecendo por pelo menos um mês laborando – se bem que no caso do benefício acidentário terá estabilidade provisória de até doze meses, sendo ainda mais confortável a sua situação. Na hipótese de o segurado da Previdência Social voltar de benefício provisório e não ter vínculo empregatício, bastaria uma contribuição espontânea, como contribuinte individual ou mesmo como facultativo para cumprir o requisito legal.

O segurado para obter o seu B42 deve computar, se homem, 35 anos de contribuição e, se mulher, 30 anos de contribuição, somando todos os períodos em que contribuiu para o sistema como segurado obrigatório ou facultativo, podendo ser utilizado período de labor no campo (averbação de tempo rural)[124] e ainda período em gozo de benefício por incapacidade, em que, mesmo sem caráter volitivo, permaneceu fora do mercado de trabalho se recuperando de um quadro infortunístico.[125]

---

[123] BERNARDO, Leandro Ferreira; FRACALOSSI, William. *Direito previdenciário na visão dos tribunais*. São Paulo: Método, 2009, p. 198.

[124] A respeito do trabalhador rural e desta hipótese de composição do B42, consultar: BERWANGER, Jane Lucia Wilhelm; FORTES, Simone Barbisan – coordenadoras. *Previdência do trabalhador rural em debate*. Curitiba: Juruá, 2009.

[125] PREVIDENCIÁRIO. TEMPO DE SERVIÇO RURAL. REGIME DE ECONOMIA FAMILIAR. PERÍODO EM GOZO DE AUXÍLIO-DOENÇA. CÔMPUTO PARA FINS DE TEMPO DE SERVIÇO. POSSIBILIDADE, DESDE QUE INTERCALADO COM PERÍODOS CONTRIBUTIVOS. APOSENTADORIA POR TEMPO DE CONTRIBUIÇÃO. CONCESSÃO. 1. Comprovado o labor rural em regime de economia familiar, mediante a produção de início de prova material, corroborada

Se o auxílio-doença pode ser computado para fins de tempo de contribuição, em razão especial da sua RMI de 91% do salário-benefício, da mesma forma parece crível, como regra geral, a utilização desse período para fins de carência nas aposentadorias previdenciárias.

Tal aspecto tem maior interesse quando do estudo da aposentadoria por idade (B41), já que para concessão deste benefício previdenciário basta cumprir o requisito etário – 65 anos, homem; 60 anos, mulher – e ainda a carência de 180 meses. Caso então o segurado esteja com dez anos de contribuição ao INSS, poderia somar mais cinco anos em que permaneceu em licença saúde e somando a idade buscar um B41 na agência do INSS?

Esta é a indagação que vem sendo respondida favoravelmente ao segurado pela jurisprudência: prevalecendo o entendimento no sentido de que o período em que o segurado esteve em gozo do benefício de auxílio-doença poderá ser computado como carência para fins de concessão do benefício de aposentadoria por idade.[126]

Trata-se aqui, no nosso entender, de correta superação do tradicional conceito de "prazo de carência" como sendo de efetivo recolhimento das contribuições previdenciárias correspondentes. Se houve gozo do benefício por incapacidade, houve, mesmo que às avessas, determinado constante recolhimento ao sistema previdenciário, razão pela qual o período de auxílio-doença, acidentário ou comum, deve ser considerado para fins de carência.[127]

Assim, só não poderia ser utilizado determinado período da vida do segurado se não tivesse, nesse interregno, alguma forma de contribuição, direta ou indireta, ao sistema previdenciário. É nesse contexto que entendemos ajustada a impossibilidade do período de averbação de tempo rural – sem contribuição – ser utilizado para fins de carência da aposentadoria previdenciária, conforme consolidado pelo enunciado n° 42 da Turma Nacional de Uniformização (TNU):

---

por prova testemunhal idônea, o segurado faz jus ao cômputo do respectivo tempo de serviço. 2. O período em que o segurado esteve em gozo de auxílio-doença só pode ser computado para fins de tempo de serviço se intercalado com períodos contributivos. 3. Tem direito à aposentadoria por tempo de serviço/contribuição o segurado que, mediante a soma do tempo judicialmente reconhecido com o tempo computado na via administrativa, possuir tempo suficiente e implementar os demais requisitos para a concessão do benefício (TRF 4ª Região, 5ª Turma, Rel. Des. Rogério Favreto, Apelação Cível n° 0015881-87.2013.404.9999, D.E. 07.01.2014).

[126] BERNARDO, Leandro Ferreira; FRACALOSSI, William. *Direito previdenciário na visão dos tribunais*. São Paulo: Método, 2009, p. 197.

[127] Em sentido contrário: "(...) A manutenção da qualidade de segurada, decorrente do gozo de benefício transitório, por incapacidade, não poder ser confundida com o chamado 'prazo de carência', que, na realidade, diz respeito ao efetivo recolhimento das contribuições previdenciárias correspondentes" (TRF 1ª Região, 2ª Turma, Apelação Cível n° 9201274351, D.J. 04.06.1998).

"Tempo de serviço do segurado trabalhador rural anterior ao advento da Lei 8.213/91, sem o recolhimento de contribuições previdenciárias, pode ser considerado para a concessão de benefício previdenciário do Regime Geral de Previdência Social (RGPS), exceto para efeito de carência, conforme a regra do art. 55, § 2°, da Lei 8.213/91".

No caso específico da carência envolvendo o auxílio-doença, temos como adequada a formatação da Súmula n° 7 da Turma Regional de Uniformização da 4ª Região (TRU4): "computa-se para efeito de carência o período em que o segurado usufrui benefício previdenciário por incapacidade".

Mesmo quem apresenta posicionamento contrário, como Marina Vasques Duarte,[128] salienta a forte inclinação jurisprudencial que se visualiza:

"Ainda que se considere legal o posicionamento que entende não ser possível o cômputo do período em que o segurado esteve em gozo de auxílio-doença ou aposentadoria por invalidez como carência, porquanto ausentes contribuições, várias são as decisões judiciais permitindo a sua soma ao restante: 'PREVIDENCIÁRIO. RESTABELECIMENTO DE APOSENTADORIA POR IDADE. PERÍODO EM GOZO DE AUXÍLIO-DOENÇA E APOSENTADORIA POR INVALIDEZ. CÔMPUTO PARA EFEITO DE CARÊNCIA. 1. O tempo em que fica a segurada em gozo de auxílio-doença e aposentadoria por invalidez é computado como tempo e serviço e de carência. 2. Cumprida a carência, único motivo da suspensão do benefício administrativamente, é devido o restabelecimento da aposentadoria por idade, a contar do seu cancelamento'".[129]

De acordo com o entendimento jurisprudencial esposado, o período em gozo desses benefícios por incapacidade não serviriam tão somente para carência, mas também para cômputo de tempo de serviço/contribuição. Tal aspecto é interessante no caso da aposentadoria por idade, já que pelo art. 50 da Lei n° 8.213/91, a RMI do B41 é formada por 70% do salário-benefício mais 1% a cada ano de contribuição. Assim, possível se cogitar que o período em benefício por incapacidade possa ser utilizado não só para fins de carência, mas também para o fim de aumentar a RMI da aposentadoria por idade, a qual no caso de cumprida a carência mínima restaria em preocupantes 85% salário-benefício.

---

[128] DUARTE, Marina Vasques. *Direito previdenciário*. 7. ed. Porto Alegre: Verbo Jurídico, 2011, p. 103.

[129] AC 20017202000738-2/SC, TRF 4ª Região, 6ª Turma, Rel. Des. Néfi Cordeiro, D.J.U. 06.11.2002.

Por fim, em torno do auxílio-doença e sua repercussão na concessão das aposentadorias previdenciárias, deve-se indagar se para fins da aposentadoria especial (B46) é possível o cômputo do período em licença saúde para fins de tempo de trabalho e carência.

Sabe-se que a aposentadoria especial é benefício previdenciário extremamente restrito, vinculado a situações de exposição a agentes nocivos de maneira permanente por período não inferior a 15 anos – e que pode chegar a 25 anos. A própria carência é de 15 anos. Mas se o trabalhador se afasta de suas atividades em condições anormais em virtude de um problema de saúde diretamente relacionado a essa atividade que lhe garantiria um B46 é de se refletir se tal período então em auxílio-doença acidentário (B91) poderia ser utilizado para fins de tempo de trabalho e inclusive carência.

Entendemos que sim, diferenciando a concessão do auxílio-doença de natureza acidentária e atrelada ao ambiente de labor inóspito com o benefício por incapacidade de natureza comum, que realmente não teria por que ser utilizado favoravelmente ao segurado para qualquer finalidade relacionada ao B46.

Nesse diapasão, Wladimir Novaes Martinez[130] apresenta uma série de julgados em que confirmado que:

"É considerado tempo de trabalho, para os efeitos de aposentadoria especial, aquele em que o segurado tenha estado em gozo de auxílio-doença ou aposentadoria por invalidez, desde que concedidos esses benefícios como consequência do exercício de atividades consideradas penosas, insalubres ou perigosas".

Como se pode perceber, de alguns trechos acima, quando se falou nos reflexos dos benefícios por incapacidade em relação às aposentadorias previdenciárias, seja para fins de cômputo do tempo de trabalho, seja para fins de carência, sempre se atrelou os casos de auxílio-doença com os de aposentadoria por invalidez. O próprio art. 55 da Lei n° 8.213/91 c/c art. 60 Decreto n° 3.048/99, respectivamente nos incisos II e III, reconhecem que será computado como tempo de contribuição o período intercalado em que o segurado esteve em gozo de auxílio--doença ou aposentadoria por invalidez.[131]

---

[130] MARTINEZ, Wladimir Novaes. *Comentários às súmulas previdenciárias*. São Paulo: LTr, 2011, p. 67.

[131] ROCHA, Daniel Machado da; BALTAZAR JR., José Paulo. *Comentários à lei de benefícios da previdência social*. 10. ed. Porto Alegre: Livraria do Advogado, 2011, p. 213; PAIXÃO, Floriceno; PAIXÃO, Luiz Antônio C. *A previdência social em perguntas e respostas*. 40. ed. Porto Alegre: Síntese, 2004, p. 109.

A aposentadoria por invalidez é benefício por incapacidade de natureza permanente e definitiva. Mas, como expressamente exposto, é possível que a qualquer tempo seja concedida alta do benefício, seja pela recuperação da capacidade laboral reconhecida pelo INSS, seja por pedido formal encaminhado pelo próprio segurado. Por isso, embora a aposentadoria por invalidez tenha RMI máxima (100% salário-benefício), não existindo nesse período de concessão do benefício por incapacidade qualquer contribuição do segurado à Previdência Social, certo que se estabelece como situação excepcional, em que não se pode exigir do segurado qualquer contraprestação, mesmo porque ao tempo de concessão da benesse se tem a expectativa de que não mais retorne ao mercado de trabalho – dada a gravidade do quadro infortunístico.

Assim, na hipótese de o segurado, após bom período em aposentadoria por invalidez, acidentária (B92) ou comum (B32), vir excepcionalmente a retornar ao mercado de trabalho, parece inevitável que o período em benefício por incapacidade seja computado para fins de tempo de contribuição (B42); carência especialmente para fins de aposentadoria por idade (B41); e tempo de trabalho e carência para fins de aposentadoria especial (B46) – nesse último caso, se a aposentadoria por invalidez for acidentária e decorrente do ambiente de trabalho agressivo, como o trabalhador celetista exposto a ruído permanente e acima nos níveis legais tolerados, que veio a perceber, por determinado período, uma aposentadoria por invalidez por PAIR[132] (Perda Auditiva Induzida por Ruído – B92).

Portanto, os centrais benefícios por incapacidade – auxílio-doença e aposentadoria por invalidez – possuem reflexos interessantes no campo das aposentadorias previdenciárias, sendo em geral computados justificadamente tais períodos, como procuramos bem expor, para fins de tempo de trabalho e carência.

O mesmo, no entanto, não ocorre com o auxílio-acidente, seja de natureza acidentária (B94), seja de natureza comum (B36). Este último benefício por incapacidade é pago como forma de indenização, possuindo RMI de 50% salário-benefício.

O auxílio-acidente decorre de uma inaptidão para o trabalho (sequela) que foi desencadeada em um determinado período e diz respeito a uma incapacidade parcial e permanente; logo o tempo de fruição

---

[132] MONTEIRO, Antônio Lopes; BERTAGNI, Roberto Fleury de Souza. *Acidentes do trabalho e doenças ocupacionais*. 5. ed. São Paulo: Saraiva, 2009, p. 59 e ss.

desse benefício não obsta a volta ao trabalho, razão pela qual não é considerado para efeitos de tempo de contribuição e carência.[133]

De fato, o trabalhador em auxílio-acidente pode retornar ao mercado de trabalho, vindo até a cumular o benefício previdenciário com a remuneração paga pelo empregador; nesse caso estará tendo recolhimento previdenciário, a cargo do empregador, o que garante o cômputo do tempo de contribuição e carência. No caso do celetista que perceba o auxílio-acidente e venha a ser desligado da empresa, deve passar a contribuir para o sistema como contribuinte individual ou facultativo, já que a mera manutenção de percepção do auxílio-acidente – que seguirá sendo pago até o momento da concessão de uma aposentadoria previdenciária pelo segurado – não será suficiente para garantir a contagem de tempo de contribuição e mesmo será útil para fins de carência.

Nesse sentir, temos que o art. 55, II, da Lei 8.213/91 exclui adequadamente o auxílio-acidente do rol de benefícios por incapacidade que podem ser utilizados para fins de contagem de tempo nas aposentadorias previdenciárias. Aliás, entendemos que tal dispositivo deve ser utilizado para fins de balizar a interpretação do art. 15, I, da mesma lei de benefícios, já que entendemos não ser lógica a utilização isolada do benefício-indinização auxílio-acidente mesmo para fins exclusivos de manutenção da qualidade de segurado. De fato, entendemos que legitimamente mantém qualidade de segurado independentemente de contribuições quem está em gozo de benefício por incapacidade que substitui renda (e não que complementa renda).[134]

Portanto, o auxílio-acidente, acidentário ou comum, no caso entender, em razão das suas peculiaridades, como benefício de natureza complementar ao salário,[135] é o único benefício por incapacidade do sistema que não conta para fins de tempo de contribuição e mesmo para fins de carência, diante de qualquer aposentadoria previdenciária.

---

[133] MARTINEZ, Wladimir Novaes. *Comentários às súmulas previdenciárias*. São Paulo: LTr, 2011, p. 68.

[134] Em sentido contrário, TRF4ªR., APELREEX 713-21.2009.404.7013, 6ª Turma, magistado João Batista Pinto Silveira, DE 11.05.2011.

[135] MONTEIRO, Antônio Lopes; BERTAGNI, Roberto Fleury de Souza. *Acidentes do trabalho e doenças ocupacionais*. 5. ed. São Paulo: Saraiva, 2009, p. 46.

9. Benefícios por incapacidade e cumulação de benefícios

Um dos pontos específicos da nossa matéria infortunística que mais merece o nosso cuidado refere-se à cumulação de benefícios.

É de se notar que tanto do ponto de vista legislativo como do ponto de vista jurisprudencial vem se notando movimento contemporâneo tendente à redução das hipóteses de cumulação de benefícios do RGPS, sendo que em várias hipóteses os benefícios por incapacidade – auxílio-doença, auxílio-acidente e aposentadoria por invalidez – estão inseridos neste contexto.

O art. 124 da Lei n° 8.213/91, alterado pela Lei n° 9.032/95, é uma norma de exceção que veda, salvo direito adquirido, o recebimento simultâneo de prestações do RGPS ali arroladas.[136] A regra geral persiste sendo a permissão de acumulação de benefícios, sempre que a lei não contemple disposição em sentido contrário – sendo que no Decreto n° 3.048/99, a matéria é regulada no art. 167.

O auxílio-doença, por ser benefício de natureza alimentar e que substitui a renda do trabalhador, por certo não pode ser cumulado com várias prestações do sistema – mencionando os dispositivos legais supra-arrolados a vedação à percepção conjunta com o salário-maternidade e o seguro-desemprego. Trata-se, tanto o salário-maternidade como o seguro-desemprego, de benefícios híbridos do sistema, pagos por lapso temporal reduzido (período máximo, respectivamente, de quatro e cinco meses), razão pela qual devem ser pagos ao trabalhador que cumpra os requisitos legais, sendo que se o trabalhador, ao encerrar o tempo de permanência nesses benefícios, continuar incapacitado

---

[136] ROCHA, Daniel Machado da; BALTAZAR JR., José Paulo. *Comentários à lei de benefícios da previdência social*. 10 .ed. Porto Alegre: Livraria do Advogado, 2011, p. 372; Floriceno; PAIXÃO, Luiz Antônio C. *A previdência social em perguntas e respostas*. 40 . ed. Porto Alegre: Síntese, 2004, p. 154.

para o trabalho, poderá sair em auxílio-doença, até que se recupere integralmente da sua convalescença.[137]

O auxílio-doença, pela mesma razão, também não pode ser cumulado com qualquer aposentadoria previdenciária, já que se trata de benefício provisório e que conta tempo de trabalho e carência, como vimos no capítulo anterior. Ainda, registra-se como ilógica a cumulação do auxílio-doença com uma aposentadoria por invalidez, já que o segurado ou está em benefício por incapacidade provisório ou faz jus ao benefício máximo definitivo – não existindo divergência jurisprudencial quanto a este ponto.[138]

Na hipótese de o trabalhador iniciar a percepção de uma aposentadoria previdenciária e continuar a prestação de labor, há determinação expressa impedindo que venha a receber qualquer prestação do RGPS, salvo o benefício híbrido salário-família e o serviço da reabilitação profissional. Assim, caso venha a se acidentar nesse momento, não poderá sair em benefício por incapacidade, conforme preconiza o art. 18 da Lei n° 8.213/91 – cenário, aliás, que desencadeia a teoria da desaposentação no direito previdenciário.[139]

Com relação à aposentadoria por invalidez, há determinação legal expressa vedando a percepção de mais de uma aposentadoria simultaneamente. Por isso, mesmo que o segurado cumpra os requisitos legais para percepção tanto de uma aposentadoria por invalidez como de uma aposentadoria previdenciária (por tempo de contribuição, por ex.), deve optar por uma delas, qual seja, a mais vantajosa. Nesses casos, a mais vantajosa tende a ser a aposentadoria por invalidez, já que não há incidência do fator previdenciário.

Já diante de percepção do auxílio-acidente, a tendência natural é a possibilidade de cumulação deste benefício-indenização com a maioria das prestações do RGPS, salvo as aposentadorias. Assim, compreende-se a redação do art. 124, parágrafo único, da Lei n° 8.213/91, ao estabelecer que é vedado o recebimento conjunto do seguro-desemprego com qualquer benefício de prestação continuada da Previdência Social, exceto pensão por morte ou auxílio-acidente.[140] Nesse sentir, ainda, restou estabelecida a Súmula n° 44 da AGU:

---

[137] BALERA, Wagner; MUSSI, Cristiane Miziara. *Direito Previdenciário*. 9. ed. São Paulo: Método, 2012, p. 219.

[138] BERNARDO, Leandro Ferreira; FRACALOSSI, William. *Direito previdenciário na visão dos tribunais*. São Paulo: Método, 2009, p. 75.

[139] SANCHEZ, Adilson. *Advocacia previdenciária*. 4. ed. São Paulo: Atlas, 2012, p. 164 e ss.

[140] VIANNA, João Ernesto Aragonés. *Curso de direito previdenciário*. 6. ed. São Paulo: Atlas, 2013, p. 486.

"É permitida a cumulação do benefício de auxílio-acidente com benefício da aposentadoria quando a consolidação das lesões decorrentes de acidente de qualquer natureza, que resulte sequelas definitivas, nos termos do art. 86 da Lei n° 8.213/91, tiver ocorrido até 10 de novembro de 1997, inclusive, dia imediatamente anterior à entrada em vigor da Medida Provisória n° 1.596-14, convertida na Lei n° 9.528/97, que passou a vedar tal acumulação".[141]

Mais recentemente, a jurisprudência do Superior Tribunal de Justiça vem surpreendentemente tornando ainda mais difícil a cumulação do auxílio-acidente com qualquer aposentadoria, ao passo que exige não só que a lesão seja anterior à publicação da aludida legislação *in pejus* ao segurado, como também que a data de concessão da aposentadoria previdenciária seja pretérita àquele marco.[142]

Nesse diapasão, a concessão atual do "auxílio-acidente vitalício" só se torna viável em situações absolutamente excepcionais, em que por perícia judicial é reconhecido o início do problema infortunístico na década de 90, e o trabalhador já vem aposentado, por tempo de contribuição, por ex., antes de 10 de novembro de 1997.

Fora desse restrito cenário, vem se mostrando incabível a cumulação. Resta daí ao segurado exigir, ao menos, que seja cumprido o paliativo previsto no art. 31 da Lei n° 8.213/91, a registrar que o valor mensal do auxílio-acidente integra o salário de contribuição para fins de cálculo do valor do salário de benefício de qualquer aposentadoria.[143] Ou seja, não sendo possível a cumulação desses benefícios, ao menos o valor auferido mensalmente de auxílio-acidente servirá para

---

[141] MARTINEZ, Wladimir Novaes. *Comentários às súmulas previdenciárias*. São Paulo: LTr, 2011, p. 40.

[142] PREVIDENCIÁRIO. AUXÍLIO-SUPLEMENTAR. AUXILIO ACIDENTE. CUMULAÇÃO COM APOSENTADORIA CONCEDIDA APÓS A VIGÊNCIA DA LEI 9.528/97. NÃO CABIMENTO. 1. É possível a cumulação dos benefícios de auxílio-suplementar (auxílio-acidente) com aposentadoria, desde que a lesão incapacitante, ensejadora do direito ao auxílio-suplementar, e o início da aposentadoria sejam anteriores à vigência da Lei 9.528/97, que vedou a possibilidade de cumulação dos benefícios. Precedente. 2. Na espécie em tela, são incontroversos os fatos de que ambos os benefícios foram concedidos na vigência da norma proibitiva, porquanto não foram impugnados, de modo que o segurado não faz jus à cumulação. 3. Agravo regimental não provido. (STJ – AgRg nos EDcl no REsp 1374795 / RS, Min. Castro Meira, Segunda turma, DJE de 05/08/2013).

[143] PROCESSUAL CIVIL E PREVIDENCIÁRIO. AGRAVO REGIMENTAL NO AGRAVO DE INSTRUMENTO. AUXÍLIO-ACIDENTE. LEI N° 9.528/97. INTEGRAÇÃO AO SALÁRIO-DE--CONTRIBUIÇÃO. CUMULAÇÃO COM APOSENTADORIA POR TEMPO DE SERVIÇO. IMPOSSIBILIDADE. PRECEDENTES. 1. Conforme estabelece o art. 31 da Lei n° 8.213/91, com redação dada pela Lei n° 9.528/97, "O valor mensal do auxílio-acidente integra o salário-de-contribuição, para fins de cálculo do salário-de-benefício de qualquer aposentadoria [...]". 2. Desse modo, não prevalece a alegação do Autor de que, por se tratar de benefícios provenientes de fatos geradores e fontes de custeio distintos, não haveria óbice à cumulação de aposentadoria com o auxílio-acidente. 3. Na ausência de fundamento relevante que infirme as razões consideradas no julgado agravado, deve ser mantida a decisão hostilizada por seus próprios fundamentos.

majorar a Renda Mensal Inicial da futura aposentadoria previdenciária a ser percebida pelo segurado.

Ademais, mais de um auxílio-acidente por segurado também passou a ser vedado a partir da publicação da Lei n° 9.032/95. Não raro o trabalhador, em momentos diversos do vínculo empregatício, adquiria mais de uma sequela ocupacional, que o tornava inválido parcialmente para as demais atividades.

Assim, se o mesmo trabalhador desencadear problemas de LER/DORT e PAIR, sendo que ambas determinam uma específica redução de capacidade de trabalho, não haverá como perceber mais de um auxílio-acidente a partir da alteração legislativa de meados da década de 90.

A lei, por outro lado, não impede a cumulação de um auxílio-acidente com um auxílio-doença. Mas entendemos que realmente só poderá o segurado cumular os anunciados benefícios por incapacidade se a natureza do problema de saúde for diverso, mesmo porque, de acordo com o art. 86, § 2°, da Lei n° 8.213/91, a ordem lógica das coisas, diante de um determinado quadro infortunístico, é a concessão do auxílio-acidente a partir do dia seguinte ao da cessação do auxílio-doença.[144]

Dessa forma, um trabalhador que percebe um auxílio-acidente acidentário (B94) por problemas de ordem psíquica não poderá cumular tal prestação com um auxílio-doença acidentário (B91) que venha a gozar após retornar ao labor, em razão de recidiva dos quadros de ordem

---

4. Agravo regimental desprovido (STJ, AgRg no AI n. 1.104.207-SP, Quinta Turma, Rel. Ministra Laurita Vaz, julgado em 16-04-2009).

[144] PREVIDENCIÁRIO. AUXÍLIO-ACIDENTE. QUALIDADE DE SEGURADO À ÉPOCA DO INFORTÚNIO. CONCESSÃO ADMINISTRATIVA DO AUXÍLIO-DOENÇA. SUPERAÇÃO DA INCAPACIDADE TEMPORÁRIA. CORRETO CANCELAMENTO DO BENEFÍCIO POR INCAPACIDADE. PRESENTES LESÕES CONSOLIDADAS E REDUÇÃO DA CAPACIDADE FUNCIONAL, MAIS DO QUE JUSTIFICADA A CONCESSÃO DO AUXÍLIO-ACIDENTE, DESDE A DATA EM QUE CESSOU O AUXÍLIO-DOENÇA. EFEITOS FINANCEIROS, RESSALVADA A PRESCRIÇÃO QUINQUENAL. ÔNUS DE SUCUMBÊNCIA BEM FIXADOS. 1 – A concessão do auxílio-acidente tem, como requisitos, a existência da qualidade de segurado, à época do infortúnio, além da redução da capacidade funcional do obreiro para as atividades que exercia até então, depois de consolidadas as lesões respectivas. 2 – Superada a incapacidade temporária que motivou a concessão do auxílio-doença, e sendo constatada diminuição da aptidão funcional do obreiro para desempenho das atividades que desenvolvia na data do infortúnio, justifica-se a concessão do auxílio-acidente, desde o dia seguinte ao cancelamento do benefício por incapacidade, com toda a repercussão financeira, ressalvada a prescrição quinquenal. 3 – O auxílio-acidente, devido a partir do dia seguinte ao da cessação do auxílio-doença, independe de qualquer remuneração ou rendimento auferido pelo acidentado, vedada, entretanto, sua cumulação com qualquer aposentadoria. 4 – Ônus de sucumbência bem fixados. Prequestionamento (TRF 4ª Região, 5ª Turma, Apelação Cível/Reexame Necessário n° 5010504-39.2012.404.7201, Rel. Des. Maria Isabel Pezzi Klein, D.E. 28.11.2013).

mental – o que não raro acontece na prática, diga-se de passagem.[145] Agora, sendo diverso o cenário, caso o mesmo trabalhador, venha a ter a necessidade de sair em benefício por um acidente de qualquer natureza (B31), o auxílio-acidente acidentário (B94) que vinha anteriormente sendo pago deve ser mantido.[146]

No caso, portanto, de ser reconhecido que o segurado, simultaneamente, teria condições de gozar do auxílio-acidente e do auxílio-doença em razão do mesmo problema de saúde, deve o auxílio-acidente ser suspenso provisoriamente, enquanto o trabalhador estiver se recuperando afastado do ambiente de labor em licença saúde.[147] Retornando aos quadros da empresa empregadora, o auxílio-acidente deverá ser desbloqueado, justamente em razão do encerramento da percepção do benefício provisório.

Embora, *a priori*, tal situação possa causar espécie, na prática dos segurados trata-se de situação realmente possível. Exemplifiquemos agora com os quadros de LER/DORT – uma das doenças ocupacio-

---

[145] PREVIDENCIÁRIO. ACIDENTE DO TRABALHO. AUXÍLIO-ACIDENTE. CUMULAÇÃO COM AUXÍLIO-DOENÇA. IMPOSSIBILIDADE. Há vedação ao recebimento cumulado de auxílio-doença e auxílio-acidente quando ambos decorrem do mesmo fato gerador, sendo está a hipótese dos autos. Precedentes jurisprudenciais. APELAÇÃO PROVIDA. REEXAME NECESSÁRIO PREJUDICADO. (Apelação e Reexame Necessário nº 70056972862, Décima Câmara Cível, Tribunal de Justiça do RS, Relator: Túlio de Oliveira Martins, Julgado em 28/11/2013).

[146] CUMPRIMENTO DE SENTENÇA. AÇÃO PREVIDENCIÁRIA. INSS. AUXÍLIO-ACIDENTE. CUMULAÇÃO. Conforme já decidido na sentença, com trânsito em julgado, a cumulação do auxílio-acidente com o auxílio-doença pode ser admitida, desde que este não possua origem no mesmo fato gerador. Na hipótese, o acidente do trabalho ocorreu em 19-5-1992 e fundamentou a concessão de auxílio-acidente. O auxílio-doença foi requerido em 20-5-2010 e não decorreu do mesmo fato gerador. Mantida a cumulação dos benefícios no caso específico dos autos. Agravo de instrumento não provido. (Agravo de Instrumento nº 70055973226, Décima Câmara Cível, Tribunal de Justiça do RS, Relator: Marcelo Cezar Muller, Julgado em 28/11/2013).

[147] PREVIDENCIÁRIO. AGRAVO REGIMENTAL NO AGRAVO DE INSTRUMENTO. NÃO CORRÊNCIA DE VIOLAÇÃO AO ART. 535 DO CPC. IMPOSSIBILIDADE DE ANÁLISE DE MATÉRIA DE CUNHO CONSTITUCIONAL. IMPOSSIBILIDADE DECUMULAÇÃO DE AUXÍLIO-ACIDENTE E AUXÍLIO-DOENÇA DECORRENTES DA MESMA DOENÇA. NÃO OCORRÊNCIA DE VIOLAÇÃO À COISA JULGADA. RECURSO DESPROVIDO. 1. A questão ventilada em Embargos de Declaração foi devidamente analisada pelo Tribunal a quo, não padecendo, portanto, de qualquer omissão, contradição ou obscuridade. Observe-se, ademais, que o julgamento diverso do pretendido, como na espécie, não implica ofensa à norma ora invocada. 2. A análise de matéria de cunho constitucional é, por força do art. 102, III, da Carta Maior, exclusiva da Suprema Corte, sendo, portanto, vedado a este Superior Tribunal de Justiça conhecer da suposta infringência, ainda que para fins de prequestionamento. 3. Nos termos do art. 6º, § 1º, da Lei 6.367/76, vigente no momento da concessão do benefício, o auxílio-acidente será pago independentemente de qualquer remuneração ou outro benefício não relacionado ao mesmo acidente. Dessa forma, sendo o auxílio-doença concedido em razão da mesma doença que deu origem ao auxílio-acidente, como no caso, deverá ser suspenso o pagamento do benefício acidentário até a cessação do auxílio-doença. 4. Não há que se falar em ofensa ao instituto da coisa julgada, uma vez que o tema acerca da possibilidade de suspensão do pagamento do benefício acidentário na hipótese de eventual futura concessão de auxílio-doença não foi debatido na decisão transitada em julgado. 5. Agravo Regimental desprovido (STJ, 5ª Turma, AgRg no Ag 1087394/SP, Rel. Min. Napoleão Nunes Maia Filho, D.J. 21.06.2010).

nais que mais determina a saída dos trabalhadores em benefícios por incapacidade no país. Após longo período em tratamento nos membros superiores, inclusive com passagem pelo Centro de Reabilitação Profissional (CRP/INSS), o segurado pode vir a receber o auxílio-acidente acidentário (B94), em virtude do quadro cronificado. Retornando daí para a empresa empregadora, pode depois de um período razoável voltar a sentir dores álgicas na região cronificada, em virtude de um quadro de agudização. Nessa hipótese, deve sair em novo benefício por incapacidade, o auxílio-doença acidentário (B91), até que se estabeleça controle do referido quadro de agudização – lapso temporal esse em que o B94 deve restar suspenso, voltando a ser pago quando da alta do B91 a ser determinada oportunamente pelo órgão previdenciário.

Os serviços podem ser cumulados com benefícios, mesmo porque inexiste vedação legal nesse sentido: a habilitação ou a reabilitação profissional poderá ser cumulada com benefícios; da mesma forma, a assistência médica, a cargo do SUS, poderá ser prestada ao mesmo tempo em que o benefício estiver sendo pago.[148]

Por fim, diga-se que o benefício assistencial de prestação continuada devido ao idoso e ao deficiente não poderá ser cumulado com qualquer benefício por incapacidade da Previdência Social.[149]

---

[148] MARTINS, Sérgio Pinto. *Direito da seguridade social*. 34. ed. São Paulo: Atlas, 2014, p. 478.

[149] DUARTE, Marina Vasques. *Direito previdenciário*. 7. ed. Porto Alegre: Verbo Jurídico, 2011, p. 340.

10. Benefícios por incapacidade e prescrição/decadência

O fenômeno da eventual demora do segurado em requerer o seu benefício previdenciário ou ainda uma revisão deste, ainda mais quando já há indeferimento na via administrativa, é questão bastante relevante no direito previdenciário, razão pela qual passamos a analisar o tema nesta oportunidade.

Trata a prescrição, como a decadência, de verdadeira sanção oposta ao beneficiário da utilização de um direito material – daí por que podem ser denominadas de "prejudiciais de mérito", forte no art. 269, IV do CPC.[150]

A priori, complemente-se por oportuno, a prescrição assume caráter sancionatório menos grave do que a decadência, já que esta fulmina *incontinenti* o próprio direito, e aquela não mais do que a pretensão em juízo – podendo se cogitar, assim, de satisfação extrajudicial da pretensão na hipótese, *v.g.*, de o devedor espontaneamente vir a quitar dívida com o credor (não obstante então, no caso, restar "prescrito o crédito"); o pagamento seria válido e não poderia ser repetido.

A prescrição é instituto de direito material, mas que progressivamente vem ganhando espaço no cenário processual, especialmente após a publicação da Lei nº 11.280/2006[151] – que tornou possível a decretação de ofício do instituto, equiparando-o a decadência.

A prescrição é um instituto decorrente do princípio da segurança jurídica. O ordenamento jurídico assegura a todo o cidadão o direito de postular em Juízo, mas limita o exercício desse direito dentro de um lapso temporal, de acordo com a relevância que o direito postulado

---

[150] SCARPINELLA BUENO, Cassio. *Curso sistematizado de direito processual civil*. Tomo I, Vol. 2. 3. ed. São Paulo: Saraiva, 2010, p. 377/378.

[151] BARBOSA GARCIA, Gustavo Filipe. Prescrição de ofício: da crítica ao direito legislado à interpretação da norma jurídica em vigor. In: *Revista de Processo* nº 145 (2007): 163/172. Especialmente p. 167; ALVIM, Arruda. Lei nº 11.280, de 16.02.2006: análise dos arts. 112, 114 e 305 do CPC e do § 5º do art. 219 do CPC. In: *Revista de Processo* nº 143 (2007): 13/25.

tem para o sistema de normas. Assim, algumas lesões devem ser postuladas dentro de determinado tempo mais curto e outras, em tempo mais longo.

Para Câmara Leal, o não cumprimento de uma obrigação, a ameaça ou a violação de um direito, são estados antijurídicos que perturbam a harmonia social, e a ação foi instituída como meio reintegratório desta harmonia, fazendo cessar o desequilíbrio provocado pela ofensa ao direito. Se o titular deste, porém, se conserva inativo, deixando de protegê-lo pela ação, e cooperando, assim, para a permanência do desequilíbrio antijurídico, ao Estado cabe remover esta situação e promover o equilíbrio, por uma providência que corrija a inércia do titular do direito. E essa providência de ordem pública foi que o Estado teve em vista e procurou realizar pela prescrição, tornando a ação inoperante, declarando-a extinta, e privando o titular, por essa forma, de seu direito, como justa consequencia da prolongada inércia, e, por esse meio, reestabelecendo a estabilidade do direito, pela cessação de sua incerteza.[152]

Seu escopo é impedir o exame meritório, caso tenha a parte autora retardado em demasia o tempo para ingresso com demanda judicial. Não impede propriamente o ajuizamento da demanda, mas sim impede a pretensão a um juízo de mérito, em razão do reconhecimento de uma prejudicial, a qual determina a extinção do feito como se o mérito houvesse sido enfrentado.

Dependendo do campo do direito material que tivermos tratando, identificaremos a possibilidade de utilização da prescrição total ou da prescrição parcial.

A prescrição total determina a completa extinção da pretensão (e não parte dela), representando medida extremamente agressiva, penalizadora da demora do demandante na propositura de medida judicial. Daí por que se diz que tal prescrição é do "fundo do direito", já que a sua decretação implica em pulverização absoluta da repercussão financeira que a demanda judicial poderia reverter ao demandante.

É a regra no direito civil,[153] em que, *v.g.*, tem a parte autora o prazo de três anos para requerer eventual ressarcimento de danos (materiais/morais/estéticos) em desfavor de quem agiu em desconformidade com a lei (art. 206, § 3°, V do CC/02); ou, no direito laboral, o prazo-limite

---

[152] CÂMARA LEAL, Antônio Luís da. *Da Prescrição e da Decadência*. Rio de Janeiro, Forense, 1959, p. 30.

[153] ANDRADE, Érico. A prescrição das pretensões de acidente de trabalho, o Novo Código Civil e a Emenda Constitucional n° 45/2004. In: *Repertório de Jurisprudência IOB*, n° 4 (2007): 108/114, Vol. II – Trabalhista e Previdenciário.

de dois anos da extinção do contrato de trabalho para discutir eventual descumprimento das normas trabalhistas em desfavor do empregador (art. 7°, XXIX da CF/88); ou mesmo, no direito consumeirista, o prazo de um ano da prova inequívoca do sinistro para se requerer eventual indenização securitária devida pela seguradora privada em favor de quem tenha formalizado a contratação da apólice (art. 206, § 1°, II, "b" do CC/02 c/c CDC/1990).[154]

Já a prescrição parcial é modalidade menos agressiva, em que não se dá a prescrição integral das cifras relacionadas ao direito adquirido do demandante, mas sim se opera a perda de determinadas parcelas pretéritas em razão da mesma demora no ajuizamento da demanda judicial. Na verdade, as parcelas perdidas circunscrevem-se ao período de cinco anos anteriores ao ajuizamento da demanda, razão pela qual essa modalidade mais branda é também denominada de "prescrição quinquenal".[155]

Trata-se de modalidade prescricional configurada para o reclamante buscar judicialmente as parcelas trabalhistas devidas durante a vigência do contrato de trabalho – explicitando a Súmula n° 308 do TST que:

"Respeitado o biênio subsequente à cessação contratual, a prescrição da ação trabalhista concerne às pretensões imediatamente anteriores a cinco anos, contados da data do ajuizamento da reclamação e, não, às anteriores ao quinquênio da data da extinção do contrato".[156]

Trata-se também de típica modalidade prescricional aplicável às prestações previdenciárias (art. 103 da Lei n° 8.213/91) – já que, tendo em conta a finalidade alimentar destas prestações, a regra prescricional recebe no âmbito previdenciário certo temperamento próprio dos

---

[154] RUBIN, Fernando; ROSSAL, Francisco. *Acidentes de Trabalho*. São Paulo: LTr, 1ª ed., 2013, p. 152/153.

[155] Esclarecemos ao leitor que, em outro sentido, a expressão "prescrição quinquenal" pode ser (anomalamente, no nosso entender) utilizada para se falar na prescrição de fundo do direito, que se corporifica pela inércia do credor no ajuizamento da demanda no transcorrer de cinco anos – como a hipótese de perda de prazo para o advogado cobrar do cliente os honorários, prevista no art. 206, § 5°, do Código Civil de 2002. Nesse sentido a expressão é empregada no ensaio de Eduardo Tomasevicius Filho – A prescrição qüinqüenal para cobrança de dívidas no Código Civil de 2002. In: *Revista dos Tribunais* vol. 907 (2011): 31/58 –, sem que o jurista tenha feito a devida ressalva de sua consagrada utilização em campo absolutamente diverso, qual seja, na prescrição que atinge tão somente parte da pretensão deduzida em juízo. Fica, pois, a ressalva e, com a devida vênia, a crítica pela inexistência de uma diferenciação aprofundada, pela doutrina em geral, entre a prescrição total e a prescrição parcial; sendo confirmado que utilizamos a expressão "prescrição quinquenal" para tratarmos da prescrição parcial.

[156] BARBOSA GARCIA, Gustavo Filipe. *Curso de direito do trabalho*. 4. ed. Rio de Janeiro: Forense, 2010, p. 1129/1130.

direitos indisponíveis, de forma que vão prescrevendo, uma a uma, apenas as prestações não reclamadas dentro de certo tempo.[157]

Na hipótese, aplica-se a prescrição parcial ou quinquenal, justamente porque a aplicação do instituto no caso concreto não impede a percepção de benefício previdenciário, independentemente da demora no ajuizamento da demanda, mas determina que sejam somente pagas as parcelas vencidas anteriores ao ajuizamento, em lapso não superior a cinco anos.

No que toca aos benefícios por incapacidade do RGPS, portanto, temos que a prescrição, na sua modalidade mais agressiva, a "prescrição total" ou de fundo do direito não é aplicável. Em síntese, não se fala em prescrição total para a percepção de benefícios por incapacidade junto ao INSS, mas tão somente da sua modalidade parcial, conforme previsão da Súmula 85 do STJ, a qual, ao tratar genericamente das relações jurídicas de trato sucessivo em que a Fazenda Pública figure como devedora, registra que a prescrição atinge apenas as prestações vencidas antes do quinquênio anterior à propositura da ação.[158]

Em termos práticos, tem-se que, se um determinado segurado tivesse grave acidente típico em ambiente de labor em 1980 com perda total dos membros superiores e não requeresse o benefício aposentadoria por invalidez imediatamente, poderia ingressar em juízo posteriormente, por exemplo, no ano 2000 e ter direito, nesse cenário, as parcelas vincendas bem como as parcelas vencidas, mas essas últimas limitadas a 1995 (parcelas integrantes do quinquênio anterior à propositura da ação acidentária). As parcelas entre 1980 e 1995 restariam prescritas, representando esse período a de prescrição parcial a ser reconhecida em juízo a favor do INSS.

E tal prejudicial prescricional poderia ser reconhecida pelo juízo mesmo sem que fosse alegada pelo INSS em sede contestacional? Justamente a aludida alteração promovida pela Lei n° 11.280/2006 autoriza o evento.

O art. 219, § 5°, do CPC, na forma determinada pela Lei n° 5.925/73, dispunha que a prescrição poderia ser reconhecida e decretada de ofício caso se tratasse de direitos não patrimoniais. Com o advento do novo Código Civil, as regras de reconhecimento da prescrição *ex officio* tiveram relativa alteração, à medida que passou a poder ser reconhecida pelo julgador tão somente quando aproveitasse incapaz (art. 194),

---

[157] ROCHA, Daniel Machado da; BALTAZAR JR., José Paulo. *Comentários à lei de benefícios da previdência social*. 10. ed. Porto Alegre: Livraria do Advogado, 2011, p. 325.

[158] SANTOS, Marisa Ferreira dos. *Direito previdenciário esquematizado*. São Paulo: Saraiva, 2011, p. 321.

podendo, no entanto, toda e qualquer matéria prescricional ser alegada em qualquer grau de jurisdição, pela parte a quem aproveite (art. 193).

Com a chegada da Lei n° 11.280/2006, alterando o § 5° do art. 219 CPC, o juiz pode reconhecer a prescrição, mesmo sem provocação da parte interessada, em qualquer situação – e para que não pairem dúvidas e eventuais conflitos aparentes entre as normas do Código Civil e do Código de Processo Civil, a Lei n° 11.280/2006 revogou expressamente o art. 194 do código civilista, que tratava diretamente da matéria sobre prescrição.

Este aspecto, ainda não devidamente consolidado no atual estágio do processo civil brasileiro, está, ao menos, contemplado no Projeto n° 8.046/2010 (para um novo Código de Processo Civil),[159] existindo previsão de que a prescrição e a decadência não serão decretadas sem que antes seja dada às partes oportunidade de se manifestar. Tal sistemática, conforme o Projeto, está inserida também nos Princípios e Garantias Fundamentais a serem seguidos, já que, de acordo com o propedêutico art. 10, "o juiz não pode decidir, em grau algum de jurisdição, com base em fundamento a respeito do qual não se tenha dado às partes oportunidade de se manifestar, ainda que se trate de matéria sobre a qual tenha que decidir de ofício".[160]

De qualquer forma, por ora, em face da atual disciplina do nosso diploma processual civil, tem-se que a prescrição, reforça-se, passa a se aproximar ainda mais do instituto da decadência, corporificando-se ambas como matérias prejudiciais do mérito, contempladas no art. 269, IV, do CPC (objeto, portanto, de sentença definitiva),[161] e que podem ser reconhecíveis de ofício pelo diretor do processo a qualquer tempo.

Em matéria previdenciária, no entanto, antes mesmo da aludida revogação do art. 194 do Código Civil pela Lei n° 11.280/2006, boa parte da jurisprudência já reconhecia a possibilidade de decretação oficiosa da prescrição em favor da autarquia federal, por envolver matéria pública e em defesa da pessoa jurídica de direito público.[162]

Assim, em caso de concessão judicial de um benefício por incapacidade, a sentença cível deve, sempre que apropriado, reconhecer,

---

[159] GUEDES, Jefferson Carús; DALL´ALBA, Felipe Camillo; NASSIF AZEM, Guilherme Beux; BATISTA, Liliane Maria Busato (orgs.). *Novo código de processo civil. Comparativo entre o projeto do novo CPC e o CPC de 1973.* Belo Horizonte: Fórum, 2010, p. 42 e 138.

[160] RUBIN, Fernando. *Fragmentos de processo civil moderno, de acordo com o Novo CPC.* Porto Alegre: Livraria do Advogado, 2013, p. 95.

[161] SICA, Heitor. *O direito de defesa no processo civil brasileiro:* um estudo sobre a posição do réu. São Paulo: Atlas, 2011, p. 117, especialmente teor da nota de rodapé n° 125.

[162] DUARTE, Marina Vasques. *Direito previdenciário.* 7. ed. Porto Alegre: Verbo Jurídico, 2011, p. 207.

mesmo de ofício, a prescrição parcial ou quinquenal. Além disso, se assim não agir o julgador, em caso de reexame necessário da matéria pela Superior Instância ou mesmo de apresentação de recurso voluntário pelo INSS que não contemple o tema prescricional, pode o Tribunal agir oficiosamente para decretação da prejudicial.

Ao tratarmos da prescrição dos benefícios previdenciários, temos que a contagem do prazo inicia do indeferimento administrativo.[163] Já, durante o período de tramitação de processo administrativo no qual se discute sobre o direito do dependente ou segurado, o prazo prescricional fica suspenso (art. 4º do Decreto nº 20.910/32).[164]

Ocorre que em não havendo requerimento de benefício na agência do INSS, não há como ser pago o benefício retroativamente, sendo que, nesse caso, a jurisprudência vem reconhecendo que não há qualquer tipo de prescrição, devendo o benefício previdenciário ser pago a partir da efetiva citação do órgão previdenciário – se outro marco mais atual, como a juntada de laudo pericial, não for utilizado diante das peculiaridades do caso concreto.[165]

---

[163] MARTINEZ, Wladimir Novaes. *Comentários às súmulas previdenciárias*. São Paulo: LTr, 2011, p. 312.

[164] LAZZARI, João Batista. Prescrição e decadência no direito previdenciário. Ensaio retirado do site Revista de Doutrina Tribunal Regional Federal da 4ª Região <http://www.revistadoutrina. trf4.jus.br/index.htm?http://www.revistadoutrina.trf4.jus.br/artigos/edicao055/Joao_Lazzari. html>. Acesso em 31.01.2014.

[165] APELAÇÕES CIVEIS. REEXAME NECESSÁRIO. ACIDENTE DO TRABALHO. AUSÊNCIA DE PRÉVIO REQUERIMENTO ADMINISTRATIVO. INTERESSE DE AGIR. CONFIGURAÇÃO. O esgotamento da via administrativa não constitui requisito essencial ao ajuizamento de ação judicial. Inteligência do art. 5º, XXXV, da Carta Magna. Prefacial afastada. AUXÍLIO-ACIDENTE. CONCESSÃO. A teor do art. 86 da Lei nº 8.213/91, o auxílio-acidente será concedido ao segurado quando, após consolidação das lesões decorrentes de acidente de qualquer natureza, resultarem seqüelas que impliquem redução da capacidade para o trabalho que habitualmente exercia. Hipótese em que o conjunto probatório coligido aos autos evidencia a redução da capacidade laborativa do acidentado, necessitando assim de maior esforço para exercer suas atividades habituais. Inteligência do art. 436 do CPC. Incidência do princípio do in dubio pro misero. Precedentes desta Corte. Sentença de improcedência reformada. TERMO INICIAL DO BENEFÍCIO. O termo inicial do auxílio-acidente, via de regra, consoante art. 86, § 2º, da Lei nº 8.213/91, será a partir do dia seguinte ao da cessação do auxílio-doença. Entretanto, inexistindo postulação em âmbito administrativo ou anterior concessão de tal benefício, deve o mesmo ser a partir da data do laudo pericial, diante da ausência de certidão do dia da juntada aos autos do referido documento. CORREÇÃO MONETÁRIA E JUROS MORATÓRIOS. LEI Nº 11.960/09. APLICAÇÃO IMEDIATA. Tratando-se de prestações continuadas e dada a vigência imediata e o caráter público da nova norma, sobre as parcelas em atraso deverão incidir correção monetária e juros de mora, como fixado na sentença, até a vigência da Lei nº 11.960, de 29-06-2009, que deu nova redação ao art. 1º-F da Lei nº 9.494/97, devendo-se observar, a partir de então, os índices oficiais de remuneração básica e juros aplicados à caderneta de poupança. Entendimento da Corte Especial do Superior Tribunal de Justiça. A matéria referente a Inconstitucionalidade da lei ainda não encontra decisão definitiva do STF, tendo aquela corte determinado a continuidade no pagamento dos precatórios conforme sistemática vigente. REEXAME NECESSÁRIO. SENTENÇA ILÍQUIDA. Adoto o entendimento relativo ao conhecimento do reexame necessário quando se tratar de sentença ilíquida, em consonância ao recente entendimento manifestado pela Corte Especial do STJ. APELAÇÃO

Em relação especificamente aos benefícios por incapacidade, acreditamos que o auxílio-doença deve rigorosamente ser requerido administrativamente, mas para os benefícios definitivos (auxílio-acidente e aposentadoria por invalidez) tal negativa expressa não é indispensável, quando puder ser considerado que implicitamente o órgão previdenciário deixou de conceder um dos benefícios definitivos – ao passo que concedeu alta simples do auxílio-doença, como se o segurado estivesse 100% apto para toda e qualquer atividade laboral.[166]

Assim, diante do exemplo que apresentamos linhas acima, de um grave acidente típico em ambiente de labor em 1980 que vitimou um segurado, o qual objetiva mais recentemente gozar de uma aposentadoria por invalidez, entendemos que se o segurado houvesse saído em benefício provisório naquele período – regra geral –, faria jus agora ao beneficio definitivo retroativamente, ressalvada a prescrição quinquenal; no caso – excepcional – de nada ter requerido naquele período junto ao INSS, poderá judicializar o conflito agora, mas o benefício máximo por incapacidade, mesmo que o segurado tenha provas contundentes de que possui invalidez permanente e total há muito tempo, só deve ser pago a partir da efetiva citação ou juntada do laudo oficial, não se cogitando na espécie de aplicação dos préstimos da prescrição quinquenal.

Por derradeiro, a respeito da prescrição previdenciária, necessário sublinhar que a jurisprudência dominante tem entendido que não corre prescrição contra os absolutamente incapazes – arrolados no art. 3º do Código Civil, quais sejam, o menor de dezesseis anos; o que, por enfermidade ou deficiência mental, não tiver o necessário discernimento para a prática desses atos; e o que, mesmo por causa transitória, não puder exprimir sua vontade.[167] Especialmente as questões envolvendo enfermidade ou deficiência mental, a ponto de determinarem a concessão de um benefício por incapacidade definitivo, se inserem nesse contexto da obra, devendo ser respeitada a regra de não aplicação da prescrição quinquenal em desfavor dos interesses desses segurados hipossuficientes.

E RECURSO ADESIVO DESPROVIDAS. SENTENÇA MANTIDA EM REEXAME NECESSÁRIO. (Apelação Cível nº 70058104027, Décima Câmara Cível, Tribunal de Justiça do RS, Relator: Paulo Roberto Lessa Franz, Julgado em 30/01/2014).

[166] SANCHEZ, Adilson. *Advocacia previdenciária*. 4. ed. São Paulo: Atlas, 2012, p. 274.

[167] Por outro lado, em relação ao relativamente incapaz – aquele que completa dezesseis anos de idade – prevalece o entendimento no sentido da fluência do prazo prescricional (BERNARDO, Leandro Ferreira; FRACALOSSI, William. *Direito previdenciário na visão dos tribunais*. São Paulo: Método, 2009, p. 532).

A prescrição quinquenal não se confunde com a decadência do direito ou ação do segurado ou beneficiário para a revisão do ato de concessão de benefício, prevista no *caput* do art. 103 da Lei n° 8.213/91. Após a concessão do benefício previdenciário – sujeito eventualmente à prescrição quinquenal como estudado –, poderá se fazer presente a decadência do direito ou ação que verse especificamente sobre a revisão do ato de concessão do benefício; a qual, da mesma forma que a prescrição, poderá ser invocada de ofício – art. 210 do Código Civil, extinguindo o processo com julgamento de mérito – de acordo com o já anunciando art. 269, IV, do CPC.

A decadência previdenciária, portanto, afeta o direito do segurado em obter uma revisão benéfica do benefício, a partir do momento de concessão da prestação e tomada de conhecimento a respeito da fórmula adotada para composição da Renda Mensal Inicial (RMI) do benefício, pela análise da sua carta de concessão.

Conceitualmente, a decadência, como a prescrição, é vista como instituto de direito material, mas que fulmina o direito que poderia ser invocado via ação judicial;[168] podendo ser classificada como condição jurídica resolutiva do ato, real e grave sanção pela inobservância de termos peremptórios para se valer de um direito potestativo.

No nosso campo previdenciário, de acordo com a lei, o âmbito de atuação da decadência, ao menos, restringe-se, grosso modo, à revisão dos benefícios concedidos pelo INSS – o que reforça a explicação anterior no sentido de que o segurado irá sempre poder buscar, administrativa ou judicialmente, a prestação da previdência adequada ao cumprimento dos requisitos formais, estabelecendo-se, a partir daí, maior óbice à revisão da RMI da prestação previdenciária, pela passagem do prazo decadencial de dez anos.[169]

---

[168] BALBI, Celso Edoardo. *La decadenza nel processo di cognizione.* Milão: Giuffrè, 1983, p. 01/06 e 31/32.

[169] PREVIDENCIÁRIO. AUXÍLIO-DOENÇA. APOSENTADORIA POR INVALIDEZ. RENDA MENSAL VITALÍCIA. DECADÊNCIA. AFASTAMENTO. RESTABELECIMENTO DO AUXÍLIO-DOENÇA, COM A CONVERSÃO EM APOSENTADORIA POR INVALIDEZ. TUTELA ESPECÍFICA. I. Não se tratando de pedido de revisão de benefício, mas de postulação de concessão de auxílio-doença que restou transmudado pela Autarquia em renda mensal vitalícia sem ciência inequívoca do autor, ou seja, de direito ao benefício, não há que se falar em decadência ou prescrição de fundo de direito. II. Evidenciado que se tratava de segurado urbano, correto o restabelecimento do auxílio-doença, com a posterior conversão em aposentadoria por invalidez, tendo por base a prova pericial nesse sentido e observada a prescrição qüinqüenal. III. Devido à eficácia mandamental dos provimentos fundados no art. 461 do CPC e à desnecessidade de requerimento expresso da parte autora, impõe-se o cumprimento imediato do acórdão para a implementação do benefício concedido (TRF 4ª Região, 5ª Turma, Rel. Des. Rogério Favreto, Apelação Cível n° 5009006-27.2011.404.7108, D.E. 26.09.2013).

A regra decadencial tem o mérito de prever para a administração pública prazo idêntico ao concedido para o segurado, caso queira rever os critérios do benefício concedido; decorrido o prazo legal, pacifica-se a relação jurídica, não podendo mais a administração revisar o ato, a não ser que o segurado tenha agido de má-fé, de modo que fica ressalvada a possibilidade de revisão, por exemplo, se a RMI a maior do benefício decorrer de fraude.[170]

Mais recente posicionamento jurisprudencial entendeu que a aplicação do prazo decadencial deve-se dar em relação a qualquer benefício previdenciário, independentemente de ter sido concedido em período anterior ou posterior à inovação legal, vinda pela Lei n° 9.528, de 10.12.1997, que passou a reconhecer no Brasil a aplicação do prazo decadencial de dez anos.

Ocorre que havia firme resistência dos segurados a essa tese, sendo estabelecido o contraponto no sentido de que só seriam eventualmente atingidos pela decadência decenal os benefícios concedidos em momento posterior à entrada em vigor da aludida norma infraconstitucional, sendo que os benefícios concedidos em momento pretérito à lei, quando então não havia sido regulamentado o instituto da decadência previdenciária no país, poderiam ser revisados a qualquer tempo.

De início, prevalecia o entendimento segundo o qual aquele prazo decadencial somente teria incidência para os benefícios concedidos em momento posterior a 10.12.1997; "tendo o benefício do segurado sido concedido antes da publicação da Lei n° 9.528/97, inexiste prazo decadencial para o pleito de revisão da renda mensal inicial do benefício".[171] Contudo, passou a ganhar força entendimento no sentido de que incide o prazo decadencial mesmo aos benefícios concedidos na vigência anterior à referida Lei n° 9.528/97, principalmente sob o argumento de que não existe direito adquirido a não incidência de prazos restritivos de direitos, bem como de que a lei não atinge situações pretéritas, mas, pelo contrário, estabelece prazos para o futuro.[172]

Entendemos, diante destas respeitáveis correntes, que não há decadência do direito ao benefício, já que o dispositivo legal determina sua incidência quando em discussão revisão de ato concessório, isto é, de benefício já em manutenção. Daí decorre que o segurado pode, a

---

[170] ROCHA, Daniel Machado da; BALTAZAR JR., José Paulo. *Comentários à lei de benefícios da previdência social*. 10. ed. Porto Alegre: Livraria do Advogado, 2011, p. 330.

[171] TRF 4ª Região, 5ª Turma, Apelação Cível n° 2007.70.03.004964-4/PR, Relator para Acórdão: João Pedro Gebran Neto, D.E. 09/02/2009.

[172] BERNARDO, Leandro Ferreira; FRACALOSSI, William. *Direito previdenciário na visão dos tribunais*. São Paulo: Método, 2009, p. 433.

qualquer tempo, requerer, judicial ou administrativamente, benefício cujo direito tenha sido adquirido há bem mais de 10 anos.[173]

Vingou no Supremo Tribunal Federal, no entanto, a partir do julgamento do Recurso Extraordinário n° 626.489/SE, no segundo semestre de 2013, a tese mais favorável aos interesses da administração, o que determinou, de imediato, que cerca de vinte mil processos, que aguardavam julgamento em razão da repercussão geral reconhecida no nominado recurso excepcional, e em que se pleiteava revisão de prestações previdenciárias, fossem a um só tempo julgados em desfavor dos segurados.[174]

Por derradeiro, a respeito da decadência previdenciária, necessário sublinhar que o art. 79 da Lei n° 8.213/91 dispõe expressamente que não se aplica este prazo ao pensionista menor, incapaz ou ausente, na forma da lei.[175] Entendemos, de qualquer forma, que não só o pensionista, mas também o segurado da Previdência possui o direito de contra ele não correr prazo decadencial ou prescricional nessas condições[176] – o que se coaduna com a disciplina transcrita do art. 3° do Código Civil, sendo já bem deduzido por abalizada jurisprudência que devem ser resguardados os direitos das pessoas absolutamente incapazes em face da sua impossibilidade de manifestação válida de vontade, circunstância que não pode ser geradora de prejuízo por conta de eventual inércia sua ou mesmo de seu representante legal que ajuizou tardiamente uma ação de interdição.[177]

---

[173] LAZZARI, João Batista. Prescrição e decadência no direito previdenciário. Ensaio retirado do *site* da *Revista de Doutrina Tribunal Regional Federal da 4ª Região* <http://www.revistadoutrina. trf4.jus.br/index.htm?http://www.revistadoutrina.trf4.jus.br/artigos/edicao055/Joao_Lazzari. html>. Acesso em 31.01.2014.

[174] Informações do julgado retiradas do *site* da *Associação Brasileira de Direito Previdenciário* (ABDP) <http://www.ibdp.org.br/noticias2.asp?id=1119>. Acesso em 31.01.2014.

[175] BALERA, Wagner; MUSSI, Cristiane Miziara. *Direito Previdenciário*. 9. ed. São Paulo: Método, 2012, p. 150.

[176] ALENCAR, Hermes Arrais. *Cálculo de benefícios previdenciários – Regime Geral de Previdência Social*. 5. ed. São Paulo: Atlas, 2013, p. 18.

[177] PREVIDENCIÁRIO. DECADÊNCIA AFASTADA. REVISÃO DE SALÁRIOS DE BENEFÍCIO PREVIDENCIÁRIO. AUXÍLIO-DOENÇA E REFLEXOS NA APOSENTADORIA. RMI ART. 144 DA LEI 8.213/91. 1. Na espécie, a sentença de interdição apenas declarou a incapacidade do autor para os atos da vida civil já existente em momento anterior, como se viu da análise da prova anexada aos autos. 2. Devem ser resguardados os direitos das pessoas absolutamente incapazes em face da sua impossibilidade de manifestação válida de vontade, circunstância que não pode ser geradora de prejuízo por conta da inércia de seu representante legal que ajuizou tardiamente a ação de interdição. 3. Concedido o benefício no denominado "buraco negro", cabível o cálculo da RMI com base nas disposições constantes do artigo 144 da Lei 8.213/91 (TRF 4ª Região, 6ª Turma, Rel. Des. Néfi Cordeiro, Apelação Cível n° 5000118-36.2011.404.7216, D. E. 24.01.2014).

11. Benefícios por incapacidade e efeitos no contrato de trabalho

Se é verdadeira a assertiva de que a concessão de um benefício por incapacidade repercute na própria esfera previdenciária, especialmente na questão de contagem de trabalho/carência para as aposentadorias previdenciárias e ainda na questão da cumulação de benefícios, certo, por outro lado, que há também importantes efeitos na esfera trabalhista – repercutindo na relação empregado-empregador.[178]

Eis o enfoque da presente passagem, acentuando a repercussão trabalhista referente a vários cenários de saída em benefício por incapacidade do grande beneficiário do RGPS, quem seja, o segurado obrigatório celetista.

Com relação ao auxílio-doença, temos que ordinariamente os primeiros quinze dias de afastamento do labor se configura hipótese de interrupção do contrato de trabalho, em que não há prestação de serviço, mas necessário o pagamento da remuneração pelo empregador, como também deve ser efetuado o depósito do FGTS, sendo tal período contado para fins de tempo de contribuição perante o INSS. Trata-se de período de aproximadamente duas semanas em que o empregado permanece em atestado médico e em caso de recuperação de sua plena condição laboral volta ao ambiente de trabalho sem intervenção da seguradora estatal.[179]

Já a partir do 16° dia, ingressando efetivamente o obreiro em licença saúde, de acordo com o art. 476 da CLT, passamos a ter hipótese de suspensão do contrato de trabalho, já que não há trabalho e também não há remuneração, embora tal período conte para o segurado tempo de contribuição, sendo o empregador obrigado a depositar o FGTS somente se o benefício auxílio-doença tiver natureza acidentária (B91).

---

[178] Livro histórico e objetivo a respeito, consultar: PEREIRA LEITE, João Antônio G. *Estudos de direito do trabalho e direito previdenciário*. Porto Alegre: Síntese, 1979.

[179] MARTINS, Sérgio Pinto. *Direito do Trabalho*. 28. ed. São Paulo: Atlas, 2011, p. 350 e ss.

A partir desse momento, o INSS assume a responsabilidade do pagamento de benefício previdenciário, de caráter alimentar e que substitui a remuneração, condicionando o beneficiário a realizações de perícias de rotina para melhor planejamento do período de permanência em benefício provisório.[180]

Sobre as vantagens do B91, além do direito ao depósito de FGTS por todo o período (indeterminado) em que permanecer aos cuidados da seguradora estatal, da mesma forma já explicitamos na presente obra que somente tal prestação determina estabilidade legal provisória de um ano, contados da alta do benefício auxílio-doença, ou seja, contados do DCB – Data de Cessação do Benefício.

Assim, se o trabalhador se afasta do ambiente de trabalho por mais de quinze dias em benefício auxílio-doença comum (B31), tão logo se reapresente na empresa pode vir a ser desligado sem justa causa, já que não possui qualquer estabilidade legal – o máximo que pode acontecer, nesse cenário, é ser fixada determinada estabilidade, por exemplo de dois meses, por determinação de convenção ou acordo coletivo, como em alguns casos presenciamos na prática do foro.

A aludida estabilidade provisória, legalmente prevista para o B91, conta da alta de benefício, e não do dia efetivo de retorno do obreiro ao labor.[181] Ocorre que pode o trabalhador, por desinformação ou por interesse particular, demorar para se reapresentar ao empregador quando da confirmação da alta de benefício previdenciário, sendo que nesse período, já está em progressão o prazo da estabilidade acidentária.

Por óbvio, o empregado não pode demorar excessivamente para se reapresentar, a fim de passar por exame médico de retorno na empresa, sendo fixado pela jurisprudência, a partir do verbete n° 32 do Tribunal Superior do Trabalho, que:

"Presume-se o abandono de emprego se o trabalhador não retornar ao serviço no prazo de 30 (trinta) dias após a cessação do benefício previdenciário nem justificar o motivo de não o fazer".

O empregado deve então se atentar para não restar configurado o abandono de emprego, já que evidentemente pode ser a partir daí despedido por justa causa, forte no art. 482, alínea "i", da CLT. Pode ocorrer de o empregado não se reapresentar na empresa por justamente

---

[180] BARBOSA GARCIA, Gustavo Filipe. *Acidentes de trabalho: doenças ocupacionais e nexo técnico epidemiológico*. 4. ed. São Paulo: Método, 2011, p. 67/71.

[181] OLIVEIRA, Sebastião Geraldo de. *Proteção jurídica à saúde do trabalhador*. 5. ed. São Paulo: LTr, 2010, p. 233 e ss.

estar discutindo com o INSS, na via administrativa e/ou judicial, uma determinada alta programada prematura; nesse caso, como informa a Súmula 32, deve ao menos comunicar a empresa do ocorrido, a fim de que não haja qualquer movimento patronal tendente a desligar o empregado por justa causa.[182]

É de se registrar, ainda, que o empregador pode vir a despedir o empregado por justa causa, com base no mesmo art. 482 da CLT, quando o obreiro encontrar-se em gozo do benefício provisório. Ocorre que há, nesse cenário, suspensão do contrato de trabalho, mas tal situação só impede o desligamento do empregado sem justa causa, sendo viável que, em caso de descumprimento de suas obrigações contratuais, como violação de segredo da empresa (art. 482, alínea "g"), venha a ser imediatamente despedido por justa causa.

Por outro lado, estando em benefício provisório, também pode ocorrer uma justa causa do empregador, nos termos do art. 483 da CLT, o que pode determinar o ingresso em juízo trabalhista do empregado para requerer a rescisão indireta do contrato de trabalho – quando, por exemplo, houver ofensa física do empregador ou seus prepostos ao empregado, na forma do art. 483, alínea "f", da CLT.[183]

De fato, o reconhecimento do direito à concessão do benefício por incapacidade gera como reflexo na esfera trabalhista tão somente a suspensão dos efeitos do aviso-prévio;[184] não havendo impedimento, portanto, para o reconhecimento de justa causa do empregado, ou mesmo do empregador, em meio à fruição do benefício provisório.

Por derradeiro, quanto à estabilidade conferida pelo benefício auxílio-doença decorrente de acidente de trabalho, forçoso tratarmos da questão envolvendo a ocorrência de acidente de trabalho quando o segurado segue prestando serviço após concessão pelo INSS de uma aposentadoria previdenciária.

Ocorre que o trabalhador, na ativa, por estar aposentado não pode sair em benefício auxílio-doença acidentário – diante de vedação de cumulação de benefícios do RGPS, anteriormente já mencionada.

Mesmo assim, contemporânea corrente jurisprudencial vem determinando seja concedida a estabilidade provisória prevista no ar. 118 da Lei n° 8.213/91 ao trabalhador nessa situação, se o mesmo ficar por

---

[182] MUSSI, Cristiane Miziara. Os reflexos jurídicos do recebimento do auxílio-doença no contrato de emprego. In: *Revista de Direito Social* n° 34, abril/junho 2009, p. 61/86.

[183] SCHWARZ, Rodrigo Garcia. *Direito do Trabalho*. Rio de Janeiro: Elsevier, 2009, p. 194 e ss.

[184] BERNARDO, Leandro Ferreira; FRACALOSSI, William. *Direito previdenciário na visão dos tribunais*. São Paulo: Método, 2009, p. 2.

mais de quinze dias afastado do ambiente de trabalho para recuperação de sua capacidade laboral.[185]

Quando do retorno à empresa, o empregado (aposentado e vindo de lesão) não poderá assim ser imediatamente desligado sem justa causa, devendo ser garantida a sua estabilidade por um ano a partir deste marco. Por isso, é muito importante que a empresa empregadora cumpra o seu dever legal de emitir a CAT, mesmo sabendo que tal documento, ao ser encaminhado ao órgão previdenciário, não determinará por lá o reconhecimento do nexo causal e a saída do trabalhador em licença-saúde B91[186] – e se não fizer, outros agentes habilitados, como o sindicato da categoria funcional, devem fazê-lo.

Por outro lado, sendo garantida a estabilidade provisória nessa hipótese de acidente de trabalho após a jubilização do trabalhador, polêmica é a questão trabalhista a respeito da obrigação do empregador de pagar salário pelo período em que o empregado estiver se recuperando do seu problema de saúde, já que tal obrigação, a partir do 16° dia, normalmente é do INSS e só não será pago o auxílio-doença em razão de a autarquia federal já estar pagando uma aposentadoria previdenciária ao segurado lesionado.

Em interessante discussão travada no TRT 4ª Região, a Relatora, Desembargadora Carmen Gonzalez, sustentou de um lado que:

> "A lei atribuiu ao empregador a responsabilidade pelo pagamento dos salários dos primeiros quinze dias de afastamento quando da ocorrência de acidente do trabalho e/ou doença, ficando ao encargo do INSS o pagamento de benefício caso seja necessário afastamento do trabalho por período superior; outrossim, não há qualquer dispositivo legal que atribua ao empregador a obrigação de pagar salários ao trabalhador quando este, afastado para tratamento por período superior a quinze dias, não puder receber

---

[185] ESTABILIDADE PROVISÓRIA – ACIDENTE DE TRABALHO – EMPREGADO APOSENTADO. *In casu*, o percebimento do auxílio-doença acidentário não se verificou ante o óbice legal contido no artigo 124, inciso I, da Lei n° 8.213/91, que, salvo no caso de direito adquirido, veda o recebimento cumulado de aposentadoria com auxílio-doença, o que não afasta o direito à estabilidade decorrente do acidente de trabalho, tendo em vista o atual entendimento desta Corte, que, levando em consideração os princípios do Direito do Trabalho e a interpretação finalística ou teleológica da norma, vem mitigando a exigência de percepção do auxílio-doença acidentário para a concessão da estabilidade, o que se percebe da leitura do item II da Súmula/TST n° 378, e o fato de que o empregado, no presente caso, atendia aos pressupostos para o recebimento do referido auxílio, ou seja, sofreu acidente de trabalho, ficando afastado do trabalho por prazo superior a 15 dias. Recurso de revista conhecido e provido (Processo: RR 8544400-81.2003.5.04.0900. Data de Julgamento: 16/09/2009, Relator Ministro: Renato de Lacerda Paiva, 2ª Turma, Data de Publicação: DEJT 09/10/2009).

[186] BOMFIM, Vinícius Neves. A estabilidade acidentária do trabalhador aposentado. Extraído do *site Migalhas* <http://www.migalhas.com.br/dePeso/16,MI102993,91041-A+estabilidade+acide ntaria+do+trabalhador+aposentado>. Acesso em 10.02.2014.

auxilio previdenciário por já estar recebendo benefício de aposentadoria".

Por outro lado, o Desembargador Marçal Henri dos Santos Figueiredo, divergindo no ponto da Relatora, e sendo acompanhado pelo Desembargador João Alfredo Borges Antunes de Miranda, ponderou em tom conclusivo que:

"O empregador é culpado pelo acidente e o reclamante não pode receber auxílio-acidentário por já estar aposentado, o empregador deve ser responsabilizado pelos salários deste período, haja vista que é seu o risco do empreendimento. Quem se beneficiou do trabalho do reclamante e causou o acidente não pode se beneficiar de tal situação. A emissão da CAT não desobriga a reclamada de pagar os salários do período de licença superior a 15 dias se a Previdência social não o faz".[187]

Trata-se, realmente, de situação trabalhista delicada, como visto na divergência acima transcrita, advinda justamente de uma malfadada regra previdenciária, impossibilitadora de cumulação de benefícios. Caso, pois, emblemático de dificuldade interpretativa da lei previdenciária n° 8.213/91 que acarreta conflito na aplicação da legislação trabalhista – CLT. Realmente, diante do choque de valores envolvidos, há, s.m.j., uma tendência natural de proteção da parte hipossuficiente,[188] determinando que o empregador, na ausência de participação direta do órgão previdenciário, arque com o período de mais de quinze dias de afastamento do trabalho, em razão do calculado risco do empreendimento.

Pois bem. Já na hipótese de concessão de aposentadoria por invalidez, tem-se sustentado que também aqui se trata de caso de suspensão do contrato de trabalho. Correto entender-se que não é hipótese imediata de extinção do contrato de trabalho, porque o obreiro pode eventualmente se recuperar de sua incapacidade, especialmente em razão dos avanços da medicina, e a partir daí tentar retornar ao ambiente de labor. Por isso, presenciamos na prática do foro que quando da concessão de uma aposentadoria por invalidez, a empresa não costuma imediatamente dar "baixa na CTPS", o que confirma estarmos tratando de hipótese de suspensão do contrato de trabalho.

Há, na realidade, uma compreensão popular de que a suspensão do contrato no caso de aposentadoria por invalidez duraria o prazo máximo de cinco anos – sendo que poderia, na sequência, ser extinto

---

[187] Processo 0000893-51.2011.5.04.0201/RO, TRT 4ª Região, 9ª Turma, j. em 12.09.2013.

[188] OLIVEIRA, Sebastião Geraldo de. *Proteção jurídica à saúde do trabalhador*. 5. ed. São Paulo: LTr, 2010, p. 228 e ss.

pelo empregador. No entanto, a CLT não possui disposição expressa sobre isto, regulando o art. 475, *caput*, que "o empregado que for aposentado por invalidez terá suspenso o seu contrato de trabalho durante o prazo fixado pelas leis de previdência social para a efetivação do benefício". Por sua vez, a Lei de Benefícios do RGPS não estipula nenhum prazo-limite para a duração da aposentadoria por invalidez. Assim, tem-se que o contrato de trabalho permanecerá suspenso (por prazo indeterminado) enquanto perdurar a vigência do referido benefício por incapacidade.

No caso da aposentadoria por invalidez ser de natureza acidentária, sendo precedida do benefício provisório, como ordinariamente ocorre, tem-se entendido que a qualquer momento em que o trabalhador tiver cancelado o benefício máximo, poderá retornar aos quadros da empresa ao qual estava vinculado, facultado ao empregador indenizá-lo pelo período da estabilidade provisória prevista no art. 118 da Lei n° 8.213/91[189] – nesses termos a Súmula n° 160 do TST:

> "APOSENTADORIA POR INVALIDEZ. Cancelada a aposentadoria por invalidez, mesmo após cinco anos, o trabalhador terá direito de retorno ao emprego, facultado, porém, ao empregador, indenizá-lo na forma da lei".

Questão interessante é a de saber se a empresa, nesse caso, resta obrigada a depositar o FGTS. Ocorre que o art. 15, § 5°, da Lei n° 8.036/90 só estabelece duas hipóteses para depósito do Fundo quando o empregado não está cumprindo na sua plenitude o contrato de trabalho: no caso de afastamento para prestação de serviço militar obrigatório e licença por acidente de trabalho.

A jurisprudência contemporânea,[190] interpretando o aludido dispositivo infraconstitucional, vem entendendo que a expressão "licença por acidente de trabalho" se limita a hipótese consagrada de auxílio-doença acidentário (B91), razão pela qual não seria devido o depósito do Fundo pelo empregador quando o empregado estivesse aposentado por invalidez acidentária (B92).

Ao menos, porém, a jurisprudência trabalhista vem entendendo que no caso de aposentadoria por invalidez acidentária (B92), a empre-

---

[189] MARTINEZ, Luciano. *Curso de direito do trabalho*. 2. ed. São Paulo: Saraiva, 2011, p. 465.

[190] RECURSO ORDINÁRIO DO RECLAMANTE. APOSENTADORIA POR INVALIDEZ. DEPÓSITO DE FGTS. INDEVIDO. O recolhimento do FGTS, nos termos do art. 15, § 5°, da Lei 8.036/90, somente é devido referente ao período de gozo de auxílio doença acidentário ou no caso de afastamento para prestação de serviço militar obrigatório, não existindo amparo legal a determinar o recolhimento na hipótese de suspensão do contrato de trabalho pela concessão do benefício previdenciário de aposentadoria por invalidez. Recurso desprovido. (TRT 4ª Região, Rel. Des. Angela Rosi Almeida Chapper, Processo 0001706-85.2011.5.04.0231/RO, julgado em 06.06.2013).

sa empregadora está obrigada a manter a sua participação no custeio do plano de saúde, como se o trabalhador estivesse na ativa. Tal orientação pretoriana realmente é importante, já que nesse momento grave de incapacidade, reconhecida como permanente e total, ainda mais quando decorrente do próprio ambiente de trabalho, a manutenção do plano de saúde é vital para o equilíbrio financeiro do trabalhador e para a manutenção da sua razoável qualidade de vida.

A problemática, mais recentemente, acabou sumulada, conforme Enunciado n° 440 do TST:

"AUXÍLIO-DOENÇA ACIDENTÁRIO. APOSENTADORIA POR INVALIDEZ. SUSPENSÃO DO CONTRATO DE TRABALHO. RECONHECIMENTO DO DIREITO À MANUTENÇÃO DO PLANO DE SAÚDE OU DE ASSISTÊNCIA MÉDICA. Assegura-se o direito à manutenção do plano de saúde ou de assistência médica oferecido pela empresa ao empregado, não obstante suspenso o contrato de trabalho em virtude de auxílio-doença acidentário ou de aposentadoria por invalidez".

Na verdade, conforme entendimentos posteriores firmados pelo TST, a discutida manutenção do plano de saúde vem se estendendo corretamente a todas as hipóteses de suspensão do contrato em razão de saída do trabalhador em benefício por incapacidade – independente, então, se o motivo do afastamento do trabalho é em razão de acidente/doença de trabalho ou acidente/doença de qualquer natureza.

Mencionamos, nesse sentir, julgamento mais recente, em que o trabalhador estava afastado por problemas cardíacos e mesmo assim a empresa foi obrigada a manter o plano de saúde, sendo ainda condenada em danos morais por não cumprir com as suas obrigações contratuais acessórias em momento de vida delicado do obreiro.[191]

---

[191] RECURSO DE REVISTA DA RECLAMADA. PLANO DE SAÚDE. AUXÍLIO-DOENÇA. SUSPENSÃO DO CONTRATO DE TRABALHO. A suspensão do contrato de trabalho, seja em decorrência de aposentadoria por invalidez, seja pela concessão do auxílio-doença, apenas importa, na verdade, em suspensão das obrigações principais do referido contrato – como a prestação dos serviços e o pagamento de salário. Nessa linha, o direito de acesso ao plano de saúde – por decorrer diretamente do contrato de emprego e não depender da prestação de serviços para a sua manutenção – deve ser resguardado enquanto durar a concessão do benefício previdenciário (Súmula n° 440 do TST). DANO MORAL. VALOR DA INDENIZAÇÃO. A supressão da assistência médica, quando a Reclamada tinha, por obrigação, mantê-la, a despeito da suspensão do contrato de trabalho decorrente da concessão de auxílio-doença, enseja a caracterização da conduta ilícita, a qual se agrava, na hipótese em apreço, pelo fato de que a suspensão da assistência médica ocorreu -sem prévia comunicação- e no momento em que o Reclamante se encontrava em estado de saúde vulnerável, -após procedimento cirúrgico de alto risco (cirurgia cardíaca de ponte de safena e mamária – v. fls. 19)-. Essas condições, considerada a situação a que foi exposto o Reclamante, suscitam a reparação por danos morais. Também não prospera a tese de violação dos arts. 5°, V, X e XXII, da CF e 944 do CCB, porque, conforme se infere da transcrição feita, a Corte Regional ponderou, com base nos princípios da proporcionalidade e da razoabilidade, os parâmetros para

Tanto na hipótese de saída do trabalhador em benefício por incapacidade provisório (auxílio-doença) ou definitivo (aposentadoria por invalidez), tem-se que pelo período em que não estiverem trabalhando, não podem gozar das vantagens que tenham sido atribuídas à categoria a que pertence na empresa empregadora; agora, tais vantagens restam asseguradas (efeito *ex nunc*), a esse empregado afastado do trabalho, quando do seu retorno ao trabalho – tudo de acordo com o permissivo contido no art. 471 da CLT.[192]

Na hipótese de o trabalhador gozar do benefício auxílio-acidente, previdenciário (B36) ou acidentário (B94), não se vislumbra alteração significativa do contrato de trabalho, já que o mesmo permanece em plena vigência. Não se fala aqui, portanto, em hipótese de suspensão ou de interrupção do contrato de trabalho.

Na verdade, o auxílio-acidente, como alhures já demonstrado, é benefício-indenização do sistema previdenciário, com RMI baixa, e que, mesmo por isso, tão somente complementa a renda do trabalhador, podendo ser cumulado com a remuneração paga mensalmente pelo empregador.

Assim, o pagamento do auxílio-acidente pelo órgão previdenciário não interfere no contrato empregatício, devendo inclusive ser mantido o pagamento da prestação previdenciária mesmo após eventual desligamento do empregado da empresa, chegando a ser pago cumulado com o posterior seguro-desemprego que venha a fazer jus o obreiro, respeitados os termos legais.[193]

Por fim, ainda é possível estabelecer relação entre o serviço de reabilitação profissional, também afeito aos benefícios por incapacidade, e a formatação do contrato de trabalho.[194]

Ocorre que após o retorno ao trabalho, o empregado que passou pela reabilitação profissional (CRP/INSS), pode ter direito à estabilidade prevista no art. 93 da Lei n° 8.213/91. De acordo com essa disposição legal, toda a empresa que empregar mais de 100 trabalhadores está

---

a fixação do quantum indenizatório, de modo a evitar o enriquecimento sem causa e atender ao caráter pedagógico-punitivo da pena. Recurso de Revista não conhecido (Processo: RR 623-03.2011.5.06.0191 Data de Julgamento: 23/10/2013, Relatora Ministra: Maria de Assis Calsing, 4ª Turma, Data de Publicação: DEJT 25/10/2013).

[192] BARBOSA GARCIA, Gustavo Filipe. *Curso de direito do trabalho.* 4. ed. Rio de Janeiro: Forense, 2010, p. 585 e ss; MUSSI, Cristiane Miziara. Os reflexos jurídicos do recebimento do auxílio-doença no contrato de emprego. In: *Revista de Direito Social* n° 34, abril/junho 2009, p. 61/86.

[193] ROCHA, Daniel Machado da; BALTAZAR JR., José Paulo. *Comentários à lei de benefícios da previdência social.* 10. ed. Porto Alegre: Livraria do Advogado, 2011, p. 290/292.

[194] BALERA, Wagner; MUSSI, Cristiane Miziara. *Direito Previdenciário.* 9. ed. São Paulo: Método, 2012, p. 215/216.

obrigada a preencher de 2% a 5% de cargos como beneficiários reabilitados ou pessoas portadoras de deficiência, habilitadas ao trabalho, variando o percentual conforme o número de empregados:[195] a) até 200 empregados, 2%; b) de 201 a 500 empregados, 3%; c) de 501 a 1000 empregados, 4%; d) mais de mil empregados, 5%.

A dispensa do empregado nesta condição, quando se tratar de contrato por tempo superior a 90 dias e a imotivada, no contrato por prazo indeterminado, somente poderá ocorrer após a contratação de substituto em condições semelhantes.

O Ministério do Trabalho e da Previdência Social deverá gerar estatística sobre o total de empregados e as vagas preenchidas por reabilitados e deficientes habilitados, fornecendo-as, quando solicitadas, aos sindicatos ou entidades representativas dos empregados.

---

[195] OLIVEIRA, Sebastião Geraldo de. *Proteção jurídica à saúde do trabalhador*. 5. ed. São Paulo: LTr, 2010, p. 239.

12. Notas sobre competência e procedimento judicial previdenciário (J. Federal) e acidentário (J. Estadual)

Chega-se a oportunidade de destacarmos, com maior acuidade, determinados centrais aspectos do processo previdenciário e acidentário. Diante de um número muito elevado de indeferimentos de benefícios por incapacidade na via administrativa, é reconhecida a importância do Poder Judiciário na esfera previdenciária, a fim de garantir o direito do segurado, respeitadas as disposições legais de estilo, sempre em escorreita interpretação dos postulados contidos na Constituição Federal aplicáveis à espécie.

Comecemos, pois, o estudo no campo processual pelo tema da competência; aproveitando para expormos, na sequência, a complexa rede de competências envolvendo saúde do trabalhador, na seguinte ordem: lide proposta pelo segurado em desfavor do INSS; lide proposta pelo empregado em desfavor do empregador; lide proposta pelo segurado em desfavor de seguradora privada; e lide proposta pelo INSS em desfavor do empregador causador do dano decorrente de acidente de trabalho que vitimou um dos seus empregados.

Iniciamos referindo que se o benefício por incapacidade for de natureza acidentária, o seu processamento, para fins de confirmação do nexo causal e da extensão da incapacidade, deve se dar perante a Justiça Estadual, e não perante a tradicional Justiça Federal.

Tal consolidação não é nova, já que vem prevista na Súmula 15 do STJ e também encontra respaldo constitucional, nos termos do art. 109, I, "d", da CF/88. Na verdade, traçando-se um breve histórico da questão, vê-se que tais ações judiciais sempre foram atribuídas à Justiça Estadual: desde a CF/46 o legislador atribuía àquela esfera do Poder

Judiciário, de forma expressa, a competência para analisar tais lides, o que foi reafirmado através da Lei n° 6.367/76.[196]

Essa é, sem dúvidas, uma exceção importante na relação beneficiário e INSS, já que a grande maioria das demandas corre mesmo na Justiça Federal (inclusive para fins de concessão do benefício assistencial, regulado na LOAS – Lei n° 8.742/93), sendo que só a causa acidentária é que pode ser processada na Justiça Estadual.[197]

Ainda, pode ocorrer de a demanda previdenciária (não acidentária) ser proposta na Justiça Estadual em razão da competência delegada. A delegação da competência, nos termos do art. 109, § 3°, da CF/88, confere ao segurado a opção para ajuizar ação contra INSS no foro estadual de seu domicílio, sempre que neste não houver vara federal.[198]

De qualquer forma, como regra geral, segundo entendimento de Leandro Bernardo e William Fracalossi, de acordo com corrente jurisprudencial do STF (com a qual compactuamos), compete à Justiça Estadual processar e julgar as causas relacionadas a acidente de trabalho, inclusive aquelas que dizem respeito exclusivamente à revisão de benefícios (acidentários).[199]

Importante ainda o registro de que em algumas comarcas de maior número de jurisdicionados segurados, pode-se criar vara cível especializada para dirimir os conflitos previdenciários. É o caso específico, no Rio Grande do Sul, da comarca de Porto Alegre, que possui uma Vara de Acidentes de Trabalho (VAT), em que só tramitam demandas acidentárias movidas pelos segurados contra o órgão previdenciário. Nas outras comarcas, o processo acidentário é distribuído aleatoriamente a qualquer vara cível.

---

[196] SANCHEZ, Adilson. *Advocacia previdenciária*. 4. ed. São Paulo: Atlas, 2012, p. 270.

[197] MONTEIRO, Antônio Lopes; BERTAGNI, Roberto Fleury de Souza. *Acidentes do trabalho e doenças ocupacionais*. 5. ed. São Paulo: Saraiva, 2009, p. 118/121.

[198] Quase um terço dos processos de competência da Justiça Federal tramitou, em 2011, nos tribunais de justiça dos estados, revela o estudo Competência Delegada – Impacto nas Ações dos Tribunais de Justiça, feito pelo Departamento de Pesquisas Judiciárias, do Conselho Nacional de Justiça (DPJ/CNJ). Segundo o estudo, o Judiciário Estadual responsabilizou-se pela tramitação de 27% dos 7,4 milhões de processos da Justiça Federal, o que significou um acréscimo de quase 2 milhões de ações à Justiça dos estados. Nos estados de São Paulo e Tocantins, 44% das ações de competência federal tramitaram na Justiça Estadual. Isso porque a Justiça Estadual tem competência para julgar diversas ações federais nas comarcas que não sejam sede do juízo federal (informações retirada do site do CNJ <http://www.cnj.jus.br/noticias/cnj/26452-um-terco-dos-processos-de-competencia-federal-tramita-no-judiciario-estadual>. Acesso em 31.01.2014).

[199] BERNARDO, Leandro Ferreira; FRACALOSSI, William. *Direito previdenciário na visão dos tribunais*. São Paulo: Método, 2009, p. 230.

Quando o processo é ajuizado na Justiça Federal, mas não há dúvidas, pelo teor da petição inicial e documentos juntados, que o caso envolve acidente de trabalho, por certo o juízo imediatamente deve determinar a remessa dos autos à justiça competente, qual seja, a estadual. E quando há sérias dúvidas a respeito do "nexo causal", mas há alegação da parte autora de que o benefício é de natureza acidentária, onde deve ser processada a demanda? Tudo indica que seja na Justiça Estadual, aguardando-se que ao longo da instrução, respeitado o devido processo legal, tenha a parte autora condições de fazer a devida prova a respeito da natureza acidentária do benefício perquerido. Nesse caso, quando já em cognição exauriente, via sentença de mérito, estiver o juízo convicto de que a causa realmente não é acidentária, mesmo que tenha sido provada a invalidez do segurado, não resta outra alternativa ao sentenciante do que a de julgar improcedente a demanda.[200]

Uma boa síntese da concepção traçada nas linhas acima pode ser encontrada em recentíssimo posicionamento do Tribunal de Justiça do Rio Grande do Sul:

"APELAÇÃO CÍVEL. PROCESSO CIVIL. COMPETÊNCIA. CAUSA DE PEDIR. NATUREZA ACIDENTÁRIA. A definição da competência para julgamento da ação está adstrita à natureza jurídica da lide, definida em função do pedido e da causa de pedir. Considerando que o autor informou na petição inicial que patologia eclodiu e/ou foi agravada em razão das suas condições de trabalho, não há que se falar em incompetência deste Tribunal de Justiça, haja vista a Justiça Estadual é competente para julgar as causas pertinentes a acidentes do trabalho, sendo de rigor reconhecer que não se pode alterar a competência com fundamento nas conclusões das provas produzidas (...)".[201]

Mesmo assim, por ter sido eventualmente julgada improcedente a lide tão somente em razão da natureza do problema de saúde (e não da

---

[200] APELAÇÃO CÍVEL. INSS. AUXÍLIO-DOENÇA. APOSENTADORIA POR INVALIDEZ. AUSÊNCIA DE NEXO DE CAUSALIDADE ENTRE A LESÃO E A ATIVIDADE LABORAL. MANUTENÇÃO DA SENTENÇA DE IMPROCEDÊNCIA. 1. Buscando o autor não só o benefício previdenciário, mas também o reconhecimento do nexo de causalidade entre a patologia sofrida e a atividade laborativa por ele desenvolvida, a competência para processar e julgar a ação é da Justiça Estadual, em razão da natureza acidentária do benefício perseguido. (...) 3. Realizada perícia ortopédica em juízo e não verificado o nexo de causalidade entre a moléstia e a atividade laborativa desenvolvida pelo segurado, deixa de configurar-se a necessidade de benefício de auxílio-doença acidentário ou aposentadoria por invalidez. Caso em que a perícia médica judicial, elaborada por profissional hábil e isento, apresenta-se como o elemento de prova idôneo e concreto para o desate dos pontos controvertidos. PRELIMINAR REJEITADA. AGRAVO RETIDO E APELO DESPROVIDOS. UNÂNIME. (Apelação Cível nº 70056080682, Nona Câmara Cível, Tribunal de Justiça do RS, Relator: Iris Helena Medeiros Nogueira, Julgado em 09/10/2013).

[201] Apelação e Reexame Necessário nº 70056170913, Nona Câmara Cível, Rel. Des. Tasso Caubi Soares Delabary, Julgado em 23/10/2013.

inexistência em si de lesão incapacitante), deve o magistrado indicar na fundamentação sentencial que restaria ao segurado reajuizar a demanda no local competente, qual seja, a Justiça Federal, para que possa ser discutida a concessão do benefício previdenciário, com a constatação já de que o problema de saúde não é de causa acidentária.

Portanto, diante de busca pelo segurado de um benefício por incapacidade (auxílio-doença, auxílio-acidente ou aposentadoria por invalidez), diz-se que cabe o ajuizamento de "ação acidentária" quando a origem do problema de saúde é de natureza acidentária, manifesta ou duvidosa, sendo que ao longo do rito em vara cível, na Justiça Estadual, vai ser confirmada ou não a alegada origem laboral do infortúnio – já se o problema de saúde incapacitante flagrantemente nada tem a ver com o ambiente de trabalho, diz-se que cabe o ajuizamento de "ação previdenciária" para a busca do benefício por incapacidade, a correr na Justiça Federal.

Antes da entrada em vigor da Emenda Constitucional nº 45, de 2004, tanto a demanda acidentária do segurado contra o INSS como a demanda de reparação de danos do empregado contra o empregador, eram propostas na Justiça Estadual – sendo que em comarcas onde existia Vara especializada, ambas as demandas eram julgadas pelo mesmo magistrado. Residuais ações do mesmo segurado contra seguradora privada, diante de apólice que contemplasse invalidez parcial ou total decorrente de acidente de trabalho, era e continua sendo processada na Justiça Estadual, mas em varas cíveis não especializadas, como adiante será em maiores detalhes exposto.

Após a entrada em vigor da Emenda 45, responsável por modificação substancial na competência trabalhista, com alteração das disposições constantes especialmente no art. 114 da CF/88, restou à Justiça Estadual o processamento da demanda contra o INSS; e eventualmente a propositura de demandas securitárias do empregado em desfavor de seguradora privada.[202]

Fenômeno interessante se sucedeu então na Justiça Laboral com relação ao processamento das demandas indenizatórias. Em algumas regiões, à luz do que se tinha na Justiça Estadual, foram criadas varas trabalhistas especializadas para o julgamento dessas lides, as quais, em tese, apresentam-se com corpo deveras diverso das lides envolvendo matérias trabalhistas comuns, com discussões a respeito de horas extras,

---

[202] RUBIN, Fernando. Proteção jurídica frente ao acidente de trabalho: medidas preventivas e repressivas. In: *Teatro de sombras*: relatório da violência no trabalho e apropriação da saúde dos bancários. Organizadores Jácéia Aguilar Netz e Paulo Antônio Barros Oliveira. Porto Alegre: Editora SindBancários Publicações, 2011, cap. 8, p. 121/131.

equiparação salarial, justa causa, dentre outros temas próprios a integrar uma reclamatória trabalhista típica.

Há determinadas varas especializadas em acidentes do trabalho de jurisdição trabalhista vinculadas ao TRT da 4ª Região. Em Porto Alegre, *v.g.*, que até a entrada em vigor da anunciada Emenda, possuía 29 varas trabalhistas, restou constituída a 30ª Vara do Trabalho – especializada em demandas de reparação de dano em virtude de acidente de trabalho. Na cidade de Caxias do Sul, foi criada a 6ª Vara do trabalho, especializada em acidentes do trabalho e com ampla tramitação dos feitos pelo formato eletrônico.

Em caso de ser proposta ação trabalhista com pedido de indenização cumulada com outras parcelas típicas trabalhistas, o magistrado da vara especializada é forçado a desmembrar a causa, dando prosseguimento ao feito que corre perante a vara especializada tão somente com relação aos pedidos acidentários.

O fundamento lógico para tal separação passa pela natureza da matéria, a exigir conhecimentos mais específicos do magistrado, e principalmente, pela peculiar instrução do feito – a exigir prova pericial e prova oral muito diversas daquelas exigidas para as matérias trabalhistas típicas.

A propósito, externam Antônio Lopes Monteiro e Roberto Fleury de Souza Bertagni que, principalmente no início da mudança de competência, muitas dificuldades foram verificadas nas ações propostas perante as varas dessa justiça especializada:

"Os juízes trabalhistas não estavam preparados para analisar questões ligadas, por exemplo, a doenças ocupacionais (profissionais ou do trabalho); o contato com elas estava quase restrito aos adicionais de insalubridade e periculosidade; agora terão de decidir controvérsias mais complexas, como as relacionadas às LER/DORT, à PAIR, para citar apenas as mais comuns; há necessidade de peritos especializados e não mais os de sempre, médico do Trabalho e engenheiro de segurança do Trabalho".[203]

E a experiência forense realmente revela que as varas especializadas estão mais próximas da realidade discutida nos autos, tendo melhores condições de resolver o litígio e criar paradigmas a guiar julgamentos futuros (efeito prospectivo interessante), mesmo porque, não raro, sucedem-se os acidentes e as empresas a constar no polo passivo dessas demandas. Embora existam argumentos contrários à especiali-

---

[203] MONTEIRO, Antônio Lopes; BERTAGNI, Roberto Fleury de Souza. *Acidentes do trabalho e doenças ocupacionais*. 5. ed. São Paulo: Saraiva, 2009, p. 225.

zação, em especial o fato de que a jurisprudência andaria melhor com uma maior amostragem de decisões jurisprudenciais em detrimento de apenas uma unidade judiciária concentrar todo o entendimento sobre a matéria, é válida a experiência a respeito do tema, principalmente na Justiça do trabalho, que tende a ter um melhor desempenho em termos de celeridade e qualidade de prestação jurisdicional com o passar do tempo e o amadurecimento do sistema.

Pois bem. A pretensão de indenização por acidente de trabalho, proposta pelo empregado contra seu empregador, não pode ser confundida com a demanda acidentária do mesmo empregado contra o órgão previdenciário, para fins de percepção de um benefício por incapacidade – conforme art. 7°, XXVIII, da CF/88.[204]

Na primeira hipótese, o autor é o empregado, e a demanda tem por objeto uma reparação com base no Código Civil e no princípio de que ninguém pode causar dano (patrimonial ou mesmo extraprimonial) a outrem sem incorrer na possibilidade de reparação.[205] Na segunda, o autor pede a concessão ou revisão de um benefício previdenciário. As ações indenizatórias têm como réu o empregador, e as ações acidentárias têm como réu o INSS.

A própria natureza jurídica da relação é distinta: na ação indenizatória, entre empregado e empregador, correndo na justiça laboral, o pedido de indenização decorre de norma de ordem pública baseada na responsabilidade civil, independentemente de culpa ou risco; na ação acidentária, própria da justiça estadual, o fundamento é a lei previdenciária, também de ordem pública, que prevê a concessão de um benefício previdenciário uma vez preenchido o suporte fático da norma que prevê a sua concessão.

Por sua vez, o seguro privado em razão de acidentes pessoais é, em tese, oferecido, e não imposto, aos empregados via apólice coletiva. Sendo de interesse expresso do trabalhador, passa a ser descontado em contracheque, tendo em geral como estipulante, o próprio empregador. Não raro o empregador constitui pessoa jurídica própria para administrar o seguro privado dos funcionários, sendo previstas coberturas pelos eventos infortunísticos desenvolvidos dentro do ambiente de labor, como o acidente típico (como a perda de segmento) e a doença laboral (como a Lesão por Esforços Repetitivos).

---

[204] ARAGONÉS VIANNA, João Ernesto. *Curso de direito previdenciário*. 6. ed. São Paulo: Atlas, 2013, p. 636/637.

[205] LUTZKY, Daniela Courtes. *A reparação de danos imateriais como direito fundamental*. Porto Alegre: Livraria do Advogado, 2012, p. 129 e ss.

A ação de cobrança de um seguro privado em razão de acidentes pessoais trata-se de demanda cível, proposta na Justiça Comum, em que o estipulante não figura, por regra, como litisconsorte. No polo ativo, visualiza-se a figura do obreiro-segurado, que adquiriu o problema de saúde ocupacional em meio ao contrato de trabalho, e no polo passivo, a figura da seguradora privada, que se compromete a indenizar o segurado em caso de ocorrência do sinistro nesses casos em que o evento infortunístico está previsto na apólice e não é prévio à contratação.[206]

A demanda deve seguir o rito comum ordinário, não sendo a hipótese de ingresso imediato com ação de execução, já que o seguro por acidentes pessoais não se configura mais como legítimo título executivo extrajudicial, como se dá com o seguro de vida, na forma preconizada pelo art. 585, III, do CPC – a partir da redação determinada pela Lei 11.382/2006.[207]

Temos aqui mais uma demanda cível com carga fática substanciosa, em que necessária profunda instrução para fins de ser bem fixado o *an debeatur* e mesmo o *quantum devido* – cabendo aplicação das disposições civilistas e consumeiristas, admitindo-se a inversão do ônus da prova. Por certo, ainda há necessidade da negativa administrativa para que se ingresse em juízo (via então ação de conhecimento), sob pena de extinção do feito sem julgamento de mérito, forte no art. 267, VI, do CPC (carência da ação, por falta de interesse processual).

Como não há identidade entre o empregador e a seguradora privada, o mesmo acidente de trabalho poderá determinar uma indenização pela empresa e o pagamento da indenização contratada, sem qualquer compensação – dada a natureza jurídica distinta das relações firmadas. Tal lógica, aliás, é semelhante àquela que prega a não compensação de verbas de reparação de danos com a do benefício acidentário pago pelo órgão previdenciário, e que vem insculpido na CF/88, no já aludido art. 7°, XXVIII. Na verdade, o mesmo acidente de trabalho autoriza, *s.m.j.*, de forma autônoma, a cobrança de benefício acidentário, reparação de danos causados por dolo ou culpa do empregador e indenização da seguradora.

No Tribunal Superior do Trabalho, predomina justamente a tese de que eventual compensação é impossível, pois a indenização decorrente de danos morais e materiais, verificada a responsabilidade por

---

[206] PÓVOAS, Manual Soares. *Seguro e previdência – na rota das instituições do bem-estar.* São Paulo: Green Forest do Brasil, 2000, p. 271 e ss.

[207] ASSIS, Araken de. *Manual de execução.* 13. ed. São Paulo: RT, 2010, p. 196/197.

dolo ou culpa da empregadora, será independente do montante recebido a título de seguro:

"COMPENSAÇÃO – INDENIZAÇÃO A TÍTULO DE SEGURO – IMPOSSIBILIDADE. A Constituição confere ao trabalhador o direito a seguro contra acidentes. A indenização decorrente de danos morais e materiais, verificada a responsabilidade por dolo ou culpa da empregadora, será independente do montante recebido a título de seguro, nos termos do art. 7º, XXVIII, da Carta Magna".[208]

Por fim, necessário registrarmos que é possível o INSS ingressar judicialmente em desfavor do empregador – quando responsável, em virtude de dolo ou culpa, por acidente de trabalho de um funcionário seu.[209]

Ocorre que a Lei de Benefício (Lei n° 8.213/91), ao regular a matéria, no art. 120,[210] informa que a ação regressiva deveria ser proposta pelo órgão previdenciário em toda e qualquer situação de incidência de evento infortunístico em razão de negligência da empresa, na prevenção acidentária, o que se daria em face de não cumprimento das normas de segurança e higiene no trabalho.[211]

Complementa o dispositivo legal, a previsão do art. 341 do Decreto n° 3.048/99, o qual prevê que o Ministério do Trabalho e Emprego, com base em informações fornecidas trimestralmente, a partir de 1° de março de 2011, pelo Ministério da Previdência Social, relativas aos dados de acidentes e doenças do trabalho constantes das comunicações de acidente de trabalho registradas no período, encaminhará à Previdência Social os respectivos relatórios de análise de acidentes do trabalho com indícios de negligência quanto às normas de segurança e saúde do trabalho que possam contribuir para a proposição de ações judiciais regressivas.

No entanto, restringindo, em boa medida, a área de concentração das ações regressivas, a Resolução MPS/CNPS n° 1291/2007 explicita que os procuradores do INSS devem priorizar as situações que envolvam empresas consideradas grandes causadoras de danos e aquelas

---

[208] TST, RR 146800-52.2001.5.17.0005, Relatora Ministra: Maria Cristina Irigoyen Peduzzi, Data de Julgamento: 04/03/2009, 8ª Turma, Data de Publicação: 06/03/2009.

[209] BRANDÃO, Cláudio. Acidentes do trabalho – competência para julgamento da ação regressiva, decorrente de culpa do empregador. *Revista LTr.* 74-5/553 Vol. 74, n. 05, Maio de 2010.

[210] ROCHA, Daniel Machado da; BALTAZAR JR., José Paulo. *Comentários à lei de benefícios da previdência social.* 10. ed. Porto Alegre: Livraria do Advogado, 2011, p. 368.

[211] A respeito do tema, consultar: MACIEL, Fernando. *Ações regressivas acidentárias.* São Paulo: LTr, 2010.

causadoras de acidentes graves, dos quais tenham resultado a morte ou a invalidez dos segurados. Ao que tudo indica, o genérico comando contido na Lei de Benefícios era difícil de ser cumprido, sendo proposto aos procuradores autárquicos que ingressem com a demanda regressiva, ao menos, nos casos mais graves envolvendo culpa ou mesmo dolo do empregador.

Com base na aludida Resolução MPS/CNPS n° 1.291, o INSS, por intermédio de sua procuradoria, vem ajuizando ações regressivas apoiadas em provas emprestadas de ações de reparação de danos ajuizadas na Justiça do Trabalho, pelo trabalhador ou seus herdeiros, contra o empregador. É bem verdade que em muitas dessas demandas há condenação da empresa pela mera aplicação da teoria do risco (responsabilidade objetiva), sendo certo que na ação regressiva, daí decorrente, pode ser exigido do INSS que explicite a circunstância de culpa grave ou dolo que determine a procedência do pleito (com base então na responsabilidade subjetiva do empregador).[212]

A respeito especificamente da competência, no estágio inicial da propositura dessas demandas pelo INSS, criou-se dúvida sobre a correção de processamento da lide na Justiça Federal, já que as demandas acidentárias corriam perante a Justiça Comum. No entanto, consolidou-se o entendimento de que só correm na Estadual as demandas envolvendo saúde do trabalhador que tenham o próprio obreiro como parte (autora),[213] o qual ingressa no cível buscando a confirmação do nexo causal, como já bem exposto neste trabalho.

O juízo competente para o caso é a Justiça Federal da comarca de domicílio da empresa, conforme o § 1° do art. 109 da CF/88:

> "Não se trata, no caso, de ação típica de acidente de trabalho (art. 109, *caput*), que foi deslocada para a Justiça Estadual com o intuito de facilitar a coleta de provas, haja vista a necessidade do conhecimento das condições de trabalho para verificar o nexo de causalidade entre o acidente e o trabalho, além do arrolamento de testemunhas".[214]

Corretamente então, as ações regressivas vêm sendo interpostas, por grande parte dos procuradores do INSS, na Justiça Federal, com base específica no art. 109, I, da Constituição Federal, o qual regula que aos juízes federais compete processar e julgar as causas em que a

---

[212] SANCHEZ, Adilson. *Advocacia previdenciária*. 4. ed. São Paulo: Atlas, 2012, p. 255.

[213] GERALDO DE OLIVEIRA, Sebastião. *Proteção jurídica à saúde do trabalhador*. 5. ed. São Paulo: LTr, 2010, p. 296/297.

[214] TSUTIYA, Augusto Massayuki. *Curso de direito da seguridade social*. 3. ed. São Paulo: Saraiva, 2011, p. 400.

União, entidade autárquica ou empresa pública federal forem interessadas na condição de autoras, rés, assistentes ou oponentes, exceto as de falência, as de acidentes de trabalho e as sujeitas à Justiça Eleitoral e à Justiça do Trabalho.

Nesse sentido, e de acordo com o abalizado entendimento doutrinário já transcrito, segue a jurisprudência do TRF da 1ª Região:

"Compete à Justiça Federal conhecer e julgar ação regressiva da autarquia previdenciária contra os responsáveis por acidente de trabalho em razão de negligência quanto às normas padrão de segurança e higiene do trabalho indicados para proteção individual ou coletiva".[215]

No mesmo sentido, o TRF da 4ª Região, mais recentemente, discutiu a preliminar, confirmando que:

"ACIDENTE DE TRABALHO. MORTE. SEGURADO. NEGLIGÊNCIA. NORMAS DE SEGURANÇA. AÇÃO REGRESSIVA. Tratando-se de ação regressiva movida pelo INSS para haver reparação de danos sofridos com o pagamento de pensões aos obreiros sinistrados, inquestionável a competência da Justiça Federal para promover o seu processamento e julgamento".[216]

Cabe referir que, quando existe o conflito de competência, cabe ao Superior Tribunal de Justiça dirimir o conflito, nos termos do art. 105, I, "d", da CF/88. E aquela corte já se manifestou favoravelmente a competência da Justiça Federal para o julgamento das ações regressivas, conforme ementa paradigmática ora acostada:

"CONFLITO DE COMPETÊNCIA. ACIDENTE DO TRABALHO. AÇÃO DE RESSARCIMENTO PROPOSTA PELO INSS CONTRA O EMPREGADOR. COMPETÊNCIA DA JUSTIÇA FEDERAL. Compete à Justiça comum processar e julgar ação proposta pelo INSS objetivando o ressarcimento dos valores despendidos com o pagamento de pecúlio e pensão por morte acidentária, em razão de acidente de trabalho ocorrido nas dependências da empresa ré, por culpa desta. Conflito conhecido para declarar competente o Tribunal Regional Federal da 4ª Região".[217]

Ultrapassado o estudo detido das competências, passemos a analisar, ainda dentro deste tópico, o rito procedimental das demandas previdenciárias e acidentárias. Tal análise é importante, já que o pro-

---

[215] Apelação Cível 01.000.46175-7/MG, magistrado convocado Moacir Ramos, 3ª TS, DJ 07/11/2002.

[216] Apelação Cível 2004.72.07.006705-3, Rel. Juiz Federal Roger Raupp Rios, 3ª T., DJ 16/12/2009.

[217] Superior Tribunal de Justiça. Acórdão em conflito de competência nº 2006/0050989-3. Relator Min. Castro Filho, 19/10/2006.

cedimento judicial tendente à concretização de um direito subjetivo do segurado da Previdência Social possui características bem marcantes, que merecem o seu estudo inaugural.

Trata-se de demanda judicial que exige prévia negativa na via administrativa, vindo o segurado do INSS a requerer judicialmente a concessão de benefício de caráter alimentar ou ao menos parcelas alimentares vencidas que deixaram de ser pagas pela autarquia federal.

Tratemos primeiramente dos benefícios previdenciários requeridos junto à Justiça Federal.[218]

A criação dos JEFs veio para agilizar a tramitação dos processos movidos especialmente contra o INSS, que é o grande réu nesse tipo de demanda. O procedimento, para causas de até sessenta salários mínimos, nos termos da Lei 10.259-2001, é do tipo sumaríssimo, projetado para que tenha o trânsito em julgado em período curto, hoje não superior a dois anos.

No caso dos benefícios por incapacidade, de acordo com as regras contidas no art. 258 e seguintes do CPC,[219] chega-se ao valor da causa contando o valor atualizado das parcelas vencidas devidas da prestação, além de doze meses de parcelas vincendas. Embora o valor dado à causa não precise ser absolutamente preciso,[220] necessário cuidado na sua estipulação, já que determina se a lide previdenciária correrá pelo rito sumaríssimo dos Juizados Especiais Federais ou pelo rito comum ordinário da Justiça Federal.

---

[218] ARAGONÉS VIANNA, João Ernesto. *Curso de direito previdenciário*. 5. ed. São Paulo: Atlas, 2012, p. 55 e ss.

[219] MARINONI, Luiz Guilherme; MITIDIERO, Daniel. *Código de processo civil comentado*. 3. ed. São Paulo: RT, 2011, p. 251.

[220] PREVIDENCIÁRIO E PROCESSUAL CIVIL. EXTINÇÃO DO PROCESSO INITIO LITIS. EXIGÊNCIA DE MEMORIA DISCRIMINADA DO VALOR DA CAUSA. INEXISTÊNCIA DE EVIDENTE ERRO NO VALOR APONTADO PELA PARTE AUTORA. DISPENSA DE PREVIO REQUERIMENTO ADMINISTRATIVO. CONVERSAO AUXILIO-DOENÇA EM APOSENTADORIA POR INVALIDEZ. 1. A juntada de cálculos demonstrativos do valor dado à causa não constitui requisito para admissão formal da inicial, em conformidade com o regime legal (CPC, arts. 282 e 283), que estabelece os critérios para tal estimativa (id, arts. 259 e 260), os quais devem ser respeitados pela parte autora, sobretudo se a diferença verificada importar em alteração de competência absoluta legalmente prevista, e tanto mais se não há evidente erro na atribuição do valor da causa pela parte autora, nem o sugere o magistrado. 2. É facultado ao julgador a conferência, inclusive com o auxílio da Contadoria, se necessário, acerca da exatidão da estimativa feita pela parte. 3. Alegando o segurado que tem direito à aposentadoria por invalidez, a simples manutenção do auxílio-doença caracteriza a resistência da administração em relação àquele benefício, com hipotética violação de direito, justificando a procura da via judicial, pois a autarquia teria, caso demonstrada a afirmada invalidez, a obrigação de converter o benefício. 4. Sentença anulada. (TRF 4ª Região, 6ª Turma, Rel. Juiz Federal. Ezio Teixeira, Apelação Cível nº 5003463-09.2012.404.7108, D.E. 19/12/2013).

Trata-se, o já tradicional rito do JEF, de *iter* direcionado ao atendimento do jurisdicionado, propiciando rapidez no trâmite processual e eliminação de formalidades do processo comum (*v.g.*, afastando o reexame necessário e instituindo a igualdade de prazos).[221] A instalação pioneira do processo eletrônico, na Justiça Federal, também veio nesse mesmo diapasão, concretizando o direito à duração razoável do processo[222] – buscando acelerar a tramitação dos feitos, eliminando os prazos mortos e otimizando a tramitação regular das demandas.

Como uma de suas grandes disposições, aparece a disciplina do art. 11, a determinar que a entidade pública ré deverá fornecer ao Juizado a totalidade da documentação de que disponha para o esclarecimento da causa, apresentando-a até a instalação da audiência de conciliação.

Ora, tal novidade na seara processual, sem dúvida alguma, é de extrema relevância em defesa dos interesses da parte autora hipossuficiente (segurado da Previdência Social), a qual nem sempre possui condições de obter toda a documentação administrativa em poder da entidade pública e que em inúmeras oportunidades se saía prejudicada na lide em razão dessa entidade não juntar todas as informações que estavam em seu poder, notadamente aquelas que não lhe trariam vantagem alguma na prova do direito que estava sendo alegado em juízo pelo segurado.

No entanto, muito ainda há de ser feito nesse contexto, em que se exige a desburocratização da demanda de menor poder econômico, cumprimento das benéficas disposições legais, inclusive de acordo com os preceitos constitucionais,[223] em favor do segurado e acesso mais restrito às superiores instâncias pela autarquia recorrente.

Por exemplo, não é crível diante da aludida disciplina do art. 11 da Lei 10.259-2001 que o Juízo Federal determine o aditamento da inicial, sob pena de extinção do feito sem julgamento de mérito, para que se junte cópia integral do procedimento administrativo, se em geral o segurado possui reais dificuldades no acesso a essa documentação em tempo hábil e há, como posto, obrigação legal de juntada dos documentos de forma completa e célere pela autarquia federal.

---

[221] SANCHEZ, Adilson. *Advocacia previdenciária*. São Paulo: Atlas, 2012. p. 179.

[222] FÉLIX JOBIM, Marco. *O direito à duração razoável do processo*. 2. ed. Porto Alegre: Livraria do Advogado, 2012, p. 133 e ss.

[223] STRAPAZZON, Carlos Luiz; DI BENEDETTO, Roberto. Jurisdição constitucional: entre direitos sociais e fundamentais e a cláusula da "reserva do possível" na visão atual do Poder Judiciário. In: *Previdência Social – Aspectos Controversos*. Curitiba: Juruá, 2009, p. 45/60; CORREIA, Marcus Orione Gonçalves; CORREIA, Érica Paula Barcha (coords.). *Direito previdenciário e Constituição – Homenagem a Wladimir Novaes Martinez*. São Paulo: LTr, 2004, 110 p.

Além disso, em termos de procedimento dos JEFs, causa-nos espécie a quantidade enorme de recursos de uniformização – os quais estão previstos no art. 14 da Lei 10.259-2001. A nosso ver, parece realmente incompatível com o rito sumaríssimo, a possibilidade de postergação do trânsito em julgado, a partir do primeiro recurso disponibilizado – sendo que a sequência legal autoriza, em relação às discussões infraconstitucionais, o Recurso Inominado, o Pedido de Uniformização Regional, o Pedido de Uniformização Nacional e ainda espécie de recurso de reclamação ao Superior Tribunal de Justiça.[224] Isso sem contar a possibilidade de apresentação de Mandado de Segurança em relação às decisões interlocutórias graves de primeiro grau – na ausência da figura do agravo de instrumento nesse tipo de procedimento.[225]

Ademais, cobra-se do diretor do processo posição mais cuidadosa no exame dos acordos e na forma como determinada a extinção dos feitos previdenciários. Ocorre que, não raro, o INSS ao se deparar com a possibilidade real de procedência integral da demanda propõe acordo, para fins de imediata extinção do feito e pagamento de parte da dívida (em geral 90% das parcelas vencidas devidas), deixando-se em aberto a condenação nos legítimos honorários devidos aos patronos do segurado litigante.[226]

Ora, tal propositura, ainda mais no que toca aos valores de principal, poderia ser razoável ao tempo da fase postulatória, mas após produzidas todas as provas e na iminência de prolação de decisão de mérito, por certo as cifras deveriam ser propostas em valores maiores, preservando além disso o trabalho do causídico ao longo do *iter* – cuja remuneração também possui caráter alimentar e deve ser preservada, quando efetivamente devida. Recordando que, no rito comum da Justiça Federal são sempre devidos honorários, respeitada a disciplina contida no art. 20 do CPC; no entanto, no rito dos JEFs só são devidos honorários quando há encaminhamento do processo ao segundo grau, mantendo-se a decisão favorável ao segurado, de acordo com a disposição contida no art. 55 da Lei 9.099/95, aplicado supletivamente.

---

[224] FERREIRA BERNARDO, Leandro; FRACALOSSI, William. *Direito previdenciário na visão dos tribunais*. São Paulo: Método, 2009, p. 575 e ss.

[225] ROQUE, André Vasconcelos; DUARTE, Francisco Carlos. *Mandado de segurança – comentários à Lei 12.016/09*. Curitiba: Juruá, 2011, p. 38/40.

[226] Em próxima perspectiva, vale a transcrição de relevante posição firmada pelo TRF da 4ª Região: "Indefiro o requerimento de fls. 462, formulado pelo autor em 15-09-2010, para que seja homologado acordo com o INSS (segunda opção ofertada pela autarquia), uma vez que tal acordo prejudica o recebimento dos honorários contratuais, sem a aquiescência dos profissionais, o que infringe o disposto no § 4º do art. 24 da Lei nº 8.906, de 1994. Publique-se e prossiga-se". (TRF 4ª Região, APELREEX 2007.72.16.001002-1, Quinta Turma, Relator Des. Rômulo Pizzolatti, D.E. 28/09/2010).

Da mesma forma, entendemos que se houve ingresso com demanda judicial, tendo pendência de recurso administrativo – em segundo ou terceiro grau dentro das esferas internas do INSS – não parece crível que o resultado favorável ao segurado em meio à tramitação da demanda judicial determine – com a abreviação do procedimento – a simples extinção desta sem julgamento de mérito, forte no art. 267, VI, do CPC. Temos que, *in casu*, o mais ajustado seria determinar judicialmente a extinção do feito com resolução de mérito, sendo aceito que houve espécie de (indireto) reconhecimento jurídico do pedido, forte no art. 269, II, do CPC[227] – hipótese que, além de fazer coisa julgada do objeto litigioso em favor do segurado, preservaria a devida remuneração devida ao advogado do segurado.

Em uma ou outra hipótese, haveria privilégio judicial à parte autora que veio a juízo, em tempo, defender um legítimo Direito Social – respaldando-se, por tabela, o procurador que agiu diligentemente para que esse direito fosse reconhecido. Posições judiciais favoráveis ao INSS em tais situações tendem a alimentar a judicialização dos conflitos, sendo que justamente o objetivo imediato deve ser coagir os abusos da entidade pública ré, respaldando a parte hipossuficiente que vem a juízo após muitas vezes absurdo indeferimento do pleito na via administrativa.

Por sua vez, o processo judicial que determina a concessão de um benefício acidentário junto ao INSS possui da mesma forma características marcantes, a ponto de incentivar a demonstração cabal de cada uma delas em espaço próprio.

Geralmente a partir da negativa administrativa do benefício, envolvendo incapacidade em face de acidente típico, acidente de trajeto ou uma doença ocupacional, surge a oportunidade de o segurado se socorrer do Poder Judiciário para ver implementando, em todas as suas nuances, uma benesse de caráter alimentar – sendo que a Constituição Federal, no art. 109, como já colocado, determina a competência da Justiça Estadual para processamento dessas demandas.

A ação acidentária não corre nos Juizados Especiais Cíveis (JECs), em razão da vedação a esse rito sumaríssimo, imposto pela Lei n° 9.099/95.[228] A demanda cível contra o INSS tem previsão na Lei n° 8.213/91, art. 129, II, para correr via rito sumário, previsto no CPC nos arts. 275 e ss.[229]

---

[227] BARBOSA MOREIRA, J. C. *O novo processo civil brasileiro*. 24. ed. Rio de Janeiro: Forense, 2006, p. 95/100.

[228] DALL´ALBA, Felipe Camilo. *Curso de juizados especiais*. Belo Horizonte: Fórum, 2011, p. 35.

[229] OPITZ, Oswaldo; OPITZ, Silvia. *Acidentes do trabalho e doenças profissionais*. 3. ed. São Paulo: Saraiva, 1988, p. 259.

No entanto, a prática do foro nos revela que o rito comum, previsto nos arts. 282 e ss. do CPC, vem sendo seguido por se mostrar, na esteira de outras demandas ordinárias, mais apto a melhor instrução do processo e por não se mostrar diretamente prejudicial às partes litigantes.[230] Se é verdade que se torna um pouco mais moroso o deslinde do conflito (em comparação com o rito dos JEFs antes discutido), por outro lado a decisão judicial tende a ser mais equilibrada e próxima da verdade material, o que acaba determinando a opção judicial pelo rito comum ordinário.[231]

Em um processo com carga fática tão densa, por certo a instrução na demanda acidentária é ponto que merece especial realce. Um conjunto probatório suficientemente apto para ideal elucidação dos pontos controvertidos (quais sejam, o nexo causal e a extensão da incapacidade) é formado pela prova documental, pericial e oral – evidentemente sendo ainda admitidos quaisquer outros meios moralmente legítimos ainda que não especificados no Código Processual.[232]

Os processos acidentários, grosso modo, dependem da realização de uma prova pericial oficial. Ocorre que não obstante a relevância da prova documental, em geral há versões antagônicas no processo fornecidas pelo segurado e pelo INSS, fazendo-se assim necessário que um *expert* da confiança do juízo possa elucidar melhor os pontos controvertidos de ordem técnica[233] – não sendo autorizado, por regra, o julgamento antecipado da lide (ou julgamento conforme o estado do processo), sem um aprofundamento da instrução.[234]

Para tanto é fundamental que as partes litigantes além de apresentarem quesitos, possam nomear peritos assistentes para que se estabeleça produtivo "contraditório técnico".

A participação dos assistentes, de fato, é fundamental para o melhor aproveitamento da prova pericial, devolvendo também legitimidade ao ato solene, desde que haja participação direta e sem restrições indevidas ao trabalho dos assistentes técnicos. Aliás, a prática forense justamente revela que a participação direta do assistente no ato de rea-

---

[230] BOTELHO, Guilherme. *Direito ao processo qualificado*. Porto Alegre: Livraria do Advogado, 2010, p. 138 e ss.

[231] ROCHA, Daniel Machado da.; BALTAZAR JR., José Paulo. *Comentários à lei de benefícios da previdência social*. 10. ed. Porto Alegre: Livraria do Advogado, 2011, p. 389/398.

[232] ALVARO DE OLIVEIRA, Carlos Alberto. *Do formalismo no processo civil*. 2. ed. São Paulo: Saraiva, 2003, p. 155.

[233] SAVARIS, José Antonio. *Direito processual previdenciário*. 3. ed. Curitiba: Juruá, 2011, p. 239/240.

[234] LACERDA, Galeno. *Despacho saneador*. Porto Alegre: La Salle, 1953, p. 99 e ss.; ALVARO DE OLIVEIRA, Carlos Alberto; MITIDIERO, Daniel. *Curso de processo civil*. Vol. 2. São Paulo: Atlas, 2012, p. 45/49.

lização da perícia é tão ou mais importante que a própria ulterior juntada aos autos do seu laudo, no prazo legal conferido pelo art. 433 do CPC (dez dias depois da juntada aos autos do laudo do perito oficial).

A prova técnica deve estar submetida ao contraditório, mesmo que sobre si recaia uma certa "aura" de neutralidade. Vale lembrar, que a redação original do CPC, dispunha que o perito oficial do juízo e os peritos assistentes apresentassem apenas um único laudo, o que passava a falsa impressão de uniformidade e neutralidade da prova pericial, por se tratar de argumento técnico. Ocorre que a prática acabou por mostrar as enormes discrepâncias e as diferentes possibilidades de conclusão que os laudos técnicos podem apresentar, pois, mesmo profissionais especializados, têm distintas opiniões sobre os mesmos fenômenos ou situações descritas nos processos. Assim, a partir da Lei n° 8.455/92 e Lei n° 10.358/01, uma nova redação foi dada ao art. 433 do CPC, determinando a apresentação de laudos em separado. Além disso, os dispositivos legais do CPC, abrem a possibilidade de os peritos complementarem seus laudos com todos os meios probatórios que dispuserem (art. 429, CPC) e, em casos mais complexos, o juiz poderá nomear mais de um perito para avaliar a mesma controvérsia (art. 431-B, CPC).

A perícia oficial é então o grande meio de prova em uma demanda acidentária, o que não significa dizer que necessariamente a conclusão pericial deve ser acolhida sem ressalvas pelo julgador.[235] Há sempre a exigência de julgamento com base na preponderância de provas, cabendo, inclusive, o afastamento do laudo oficial, desde que se revele isolado no contexto probatório (art. 436 do CPC)[236] – sendo relevante também, nesse contexto, a utilização das máximas de experiência pelo magistrado (art. 335 do CPC), a fim de que cada prova receba realmente o peso que se conforme à realidade do discutido caso concreto.[237] Há, sob outro prisma, a possibilidade de o juiz autorizar uma segunda perícia, caso em meio à instrução entenda que há fundamentos para crer que os pontos controvertidos não restaram suficientemente solvidos com a primeira perícia (art. 437 do CPC).

Como prova complementar, útil a resolver eventual conflito de versões especialmente quanto ao nexo causal, a prova oral, colhida em audiência, deve ser valorizada. É, na verdade, rica a produção de pro-

---

[235] COSTA, Hertz J. *Acidentes de trabalho na atualidade*. Porto Alegre: Síntese, 2003, p. 222/232.

[236] A respeito dos modelos de constatação da verdade e direito probatório, consultar: KNIJNIK, Danilo. *A prova nos juízos cível, penal e tributário*. Rio de Janeiro: Forense, 2007.

[237] A respeito da aplicação das máximas de experiência no direito probatório, consultar: ROSITO, Francisco. *Direito probatório*: as máximas de experiência em juízo. Porto Alegre: Livraria do Advogado, 2007.

vas em audiência,[238] sendo oportuno o registro de que, nos moldes do art. 452 do CPC, há uma determinada ordem para a produção dessas provas no ato solene diante do Estado-juiz: primeiro sendo dispostas as provas a serem complementadas em audiência e depois sendo mencionadas as provas que efetivamente devem ser feitas em audiência. Senão vejamos a sequencia prevista em lei: I – o perito e os assistentes técnicos responderão aos quesitos de esclarecimento; II – o juiz tomará os depoimentos pessoais, primeiro do autor e depois do réu; III – finalmente, serão inquiridas as testemunhas arroladas pelo autor e pelo réu.[239]

Por derradeiro, relevante o registro de que se o segurado possui paralelamente outra demanda envolvendo o mesmo problema de saúde, mas contra diverso réu (a instituição empregadora ou mesmo a seguradora privada),[240] pode trazer a prova lá colhida (geralmente a perícia) para fins de convencimento do juiz neste processo secundário. Por certo não é o caso de ser acolhida essa prova como emprestada (em sentido estrito), já que não houve identidade de partes, mas seguramente o aludido meio de prova pode ser recebido como prova documental unilateral, a se sujeitar ao crivo do contraditório no processo acidentário – em que o INSS deve imediatamente ser intimado para falar do meio de prova, no prazo de cinco dias (art. 398 do CPC).

Seja como for, a instrução acidentária deve ser profícua, sendo autorizados todos os meios de prova lícitos que podem convencer o julgador a melhor solução da demanda. Cabe às partes tomar todas as medidas para auxiliar o magistrado na busca da verdade material; sendo também possível que o próprio Estado-juiz, como diretor do processo, promova de ofício determinadas medidas tendentes a trazer aos autos o máximo de provas confiáveis para a solução do pleito, conforme expressamente autorizado pelo art. 130, *ab initio*, do CPC, especialmente útil em demandas de Direito Social.

Um último ponto de reflexão a respeito da concessão judicial de benefício acidentário gira em torno da importância do segundo grau na revisão e pacificação de questões fáticas e jurídicas importantes.

---

[238] De fato, em demanda com carga fática tão importante, em que se discute a extensão do dano e o nexo causal, forçoso reconhecer que o julgamento antecipado da lide possa ocorrer em situações tão somente excepcionais. Neste contexto vale a recordação do seguinte paradigma: "(...) É possibilitado ao magistrado, como medida de exceção, o julgamento antecipado do feito, quando, sendo a questão de direito e de fato, não houver a necessidade de produção de prova em audiência, nos termos do art. 330, inciso I, do Código de Processo Civil" (TJ/SC, Apelação Cível 2007.047624-8, 6ª Câmara de Direito Civil, Relator Jaime Luiz Viconi, J, em 09/06/2011).

[239] MARINONI, Luiz Guilherme; ARENHART, Sérgio Cruz. *Prova*. 2. ed. São Paulo: RT, 2011, p. 787.

[240] RUBIN, Fernando; ROSSAL, Francisco. *Acidentes de Trabalho*. São Paulo: LTr, 2013, p. 163/167.

Ocorre que pelas peculiaridades da demanda acidentária, especialmente da sentença, são comuns e naturais eventuais equívocos na concessão de benefício e de outros pontos acessórios de julgamento, como a condenação em honorários. Tais situações se verificam em maior número nas comarcas em que não há uma vara especializada em acidentes de trabalho. Por isso, a participação de experientes Câmaras Cíveis, nos Tribunais de Justiça, é vital para o trânsito em julgado de decisão que venha a trazer justiça, legitimidade e pacificação social.

Ainda cabe o registro, acentuando a importância da segunda instância, de que como a ação acidentária geralmente envolve complexos quadros de saúde com carga fática visivelmente densa, muito raramente o Superior Tribunal de Justiça examinará recurso excepcional (encaminhado à terceira instância), sendo constante a utilização da Súmula 07 do STJ no exame para a não admissibilidade do recurso especial.

Assim, arbitrariedades levadas a efeito no julgamento da instância originária só poderão ser corrigidas no julgamento do recurso de apelação pelo Tribunal de Justiça, já que por mais injusta que seja a decisão, estando em jogo a utilização das provas carreadas aos autos (e o revolvimento dos fatos), dificilmente terá trânsito eventual irresignação encaminhada a Corte sediada em Brasília.[241]

No caso do Rio Grande do Sul, o Tribunal de Justiça, de acordo com o seu regimento interno, possui duas Câmaras Cíveis especializadas na matéria acidentária, a 9ª e a 10ª (componentes do 5° Grupo Cível), as quais possuem o importante dever de consolidar determinados posicionamentos comuns nas demandas envolvendo acidente de trabalho e analisar com cuidado as questões fáticas próprias de cada demanda, dado ser este o último momento, na prática, para reversão de entendimento a respeito da extensão do problema de saúde e da configuração do nexo causal.

Cresce, por outro lado, a importância da sustentação oral a ser realizada pelos procuradores das partes, a fim de que, em homenagem ao contemporâneo princípio da colaboração,[242] auxiliem os Desembargadores a elucidar determinadas questões fáticas melindrosas.

Por fim, da mesma forma salienta-se que o recurso de embargos de declaração, opostos em face do julgamento da apelação, marca a efetiva última chance de correção imediata e adequada de eventual equívoco

---

[241] USTÁRROZ, Daniel; PORTO, Sérgio Gilberto. *Manual dos recursos cíveis*. 3. ed. Porto Alegre: Livraria do Advogado, 2011, p. 232/234.

[242] A respeito do tema, consultar: MITIDIERO, Daniel Francisco. *Colaboração no processo civil*. São Paulo: RT, 2009.

na apreciação de um determinado fato importante para o deslinde da lide – situação denominada de "erro de fato" e que pode ser colmatada na sede deste recurso, com eventual efeito infringente.

Sobre este tema, entendemos que, se o erro material[243] consiste em vício na exteriorização do julgamento, por equívoco/omissão de linguagem e/ou vocabulário utilizado pelo Estado-juiz, o erro de julgamento decorre de equívoco na apreciação do conjunto fático-probatório ou das disposições jurídicas, de direito material, a orientar o julgamento do caso *sub judice*, daí ser tecnicamente correto se distinguir duas espécies de erro de julgamento (de direito material): erro de fato e erro de direito.[244] O manifesto equívoco de direito, a abranger as normas de direito material a solucionar a demanda, não pode ser corrigido pelos embargos de declaração, mas sim pela via do recurso próprio; no entanto, e esse é o ponto de destaque nessa passagem, manifestos erros de fato poderiam ser excepcionalmente alterados celeremente pela apresentação dos aclaratórios, com efeitos infringentes, como vem reconhecendo criteriosa jurisprudência.[245]

Portanto, a sensata e oportuna utilização dos recursos de apelação e embargos de declaração, diante da robusta carga fática e documental-técnica que apresenta, em geral, a lide acidentária é medida eficaz e justa na pacificação da relação segurado e órgão previdenciário, sendo o segundo grau a instância adequada para possível correção dos rumos da demanda, inclusive para retificação de eventuais e importantes erros de fato, diante da restrição crescente ao acesso dos jurisdicionados às instâncias extraordinárias.

---

[243] KEMMERICH, Clóvis Juarez. *Sentença obscura e trânsito em julgado*. Porto Alegre: Livraria do Advogado, 2013, p. 87 e ss.

[244] GOLDSCHMIDT, James. *Teoria general del proceso*. Trad. Leonardo Prieto Castro. Barcelona: Editorial Labor, 1936, p. 177/178.

[245] EMBARGOS DECLARATÓRIOS. CONTRADIÇÃO. ERRO DE FATO. Contradição, para fins de embargos declaratórios, é a constatação de assertivas inconciliáveis na motivação apresentada ou fundamento em choque com a conclusão, o que não ocorre na espécie. Há possibilidade de correção de erro de fato em aclaratórios (Embargos de Declaração nº 70020953717, Vigésima Segunda Câmara Cível, Tribunal de Justiça do RS, Relator: Rejane Maria Dias de Castro Bins, Julgado em 20/08/2007).

13. As peculiaridades comuns ao processo previdenciário/acidentário e o esboço de uma teoria geral de procedimentos em Direito Social

Embora se façam presentes diferenças importantes entre a demanda previdenciária, que deve correr no JEF (mas também pode ser processada no rito comum federal, caso o valor da causa ultrapasse os sessenta salários mínimos), e a demanda acidentária, que corre necessariamente pelo rito comum da Justiça Estadual (já que o INSS não pode ser réu no JEC por determinação legal), temos que estão nelas sendo tratados os benefícios por incapacidade, em que discutidas fulcralmente a extensão de um problema infortunístico, razão pela qual algumas especiais e peculiares semelhanças devem ser destacadas.

Dentre as semelhanças verificadas, optamos, nesse espaço, por dar vazão inicial às seguintes: possibilidade ampla de alteração da causa de pedir e pedido; possibilidade maior de composição do litígio; e aplicação processual do brocardo *in dubio pro segurado*. Trataremos, na sequencia, de alguns problemas comuns presenciados no indeferimento açodado e equivocado de benefício na via administrativa, a redundar em número elevado de processos previdenciários/acidentários; propondo, por derradeiro, esboço de uma teoria geral de procedimentos em Direito Social.

Não é de causar espanto que as regras processuais, reguladoras dos processos individuais, na forma como expostas pelo belíssimo CPC/73 (*Código Buzaid*),[246] não se adaptam a toda e qualquer demanda cível contemporânea. No entanto, chama a atenção a quantidade de peculiaridades existentes no processo previdenciário e acidentário[247] que

---

[246] TORRES, Artur. *A tutela coletiva dos direitos individuais – considerações acerca do projeto de novo CPC*. Porto Alegre: Arana: 2013, p. 36/45.

[247] SAVARIS, José Antonio. *Direito processual previdenciário*. 3. ed. Curitiba: Juruá, 2011, p. 59.

vêm sendo confirmadas pela jurisprudência pátria, mesmo que em desacordo com as disposições processuais consagradas.

A grande peculiaridade da demanda previdenciária/acidentária, já consagrada pela jurisprudência, é a de que a mesma pode conceder benefício diverso daquele requerido na petição inicial, quando a instrução aponta para essa direção. Há aqui clara relativização do princípio dispositivo em sentido próprio, diante da fungibilidade dos quadros clínicos e do cunho de ordem pública que assume o procedimento acidentário.

Como regra geral, a *causa petendi* e o pedido, no sistema jurídico brasileiro, somente podem ser modificados sem o consentimento do réu até o momento da citação, correndo às expensas do autor as custas acrescidas em razão dessa iniciativa (art. 294, CPC); e mesmo com o consentimento deste até o saneamento do processo (art. 264, CPC). Sendo possível a modificação, deve-se observar se o réu é ou não revel; se o for, após a inovação, ter-se-á de promover nova citação do demandado (art. 321, CPC).

Por sua vez, encerrada a instrução, o juiz deve prolatar sentença nos limites em que foi proposta, não podendo conceder ou deixar de conceder coisa além (julgamento *ultra petita*) ou diversa (julgamento *extra petita*) daquela requerida, constante expressamente em pedido da peça vestibular.

Também como lógico corolário do princípio da demanda (ou dispositivo em sentido material ou próprio) é defeso ao diretor do processo alterar a causa de pedir e o pedido ao longo da tramitação do feito (art. 128 c/c 460, ambos do CPC), podendo tão somente determinar a emenda da exordial, antes de determinar a citação, caso entenda pela existência de defeitos e irregularidades capazes de dificultar o exame de mérito (art. 284, *caput*, do CPC).[248]

No entanto, ingressando a fundo no tema e na forma como lidado na prática forense, é de se observar que a jurisprudência vem excepcionalmente relativizando o teor dos arts. 264, e 128 c/c 460 na hipótese das ações previdenciárias e acidentárias. *In casu*, em razão especial da natureza protetiva da matéria, da alterabilidade dos quadros clínicos incapacitantes e da fungibilidade que revestem essas ações (que conferem forte cunho de ordem pública ao procedimento), permite-se a concessão, em sentença, de benefício diferente do postulado na exordial; e/ou possibilita-se que o próprio demandante venha a aditar o pedido,

---

[248] RUBIN, Fernando. *Fragmentos de processo civil moderno, de acordo com o Novo CPC*. Porto Alegre: Livraria do Advogado, 2013, p. 62/64.

mesmo ultrapassada a fase de saneamento (após a realização de perícia judicial, *v.g.*), e mesmo sem a concordância da parte adversa (INSS).

De fato, a concepção de que em sentença em benefícios por incapacidade declarará o julgador, de acordo com a integralidade do material probatório coligido aos autos, o direito às prestações previstas em lei, independentemente do pedido específico formulado na exordial, está devidamente assentado.[249]

Assim, se o procurador do segurado, nos pedidos contidos na petição inicial, requereu tão somente o restabelecimento do benefício provisório auxílio-doença e a instrução (especialmente a partir do laudo oficial) indicou que o quadro é ou se tornou ainda mais grave, a ponto de ser deferido o benefício máximo, pode o magistrado, em sentença, conceder imediatamente a aposentadoria por invalidez, não cogitada na peça portal.

Exatamente nesse diapasão oportunas as palavras de José Antônio Savaris, ao consignar que por força especialmente do princípio da fungibilidade, entende-se não incorrer em julgamento *extra petita* a decisão judicial que condena o INSS a implantar aposentadoria por invalidez, embora a parte tenha requerido benefício distinto (auxílio-doença, auxílio-acidente ou mesmo benefício assistencial).[250]

Por tal razão, ganha em relevância nessas demandas a presença do Ministério Público, como fiscal de lei (art. 82, III, do CPC),[251] que deve oferecer parecer final no processo e inclusive indicar para a concessão do benefício que melhor se aproxime dos resultados instrutórios, independentemente do pedido expresso contido na petição inicial.

Como outra grande similitude verificada nos processos em razão de benefícios por incapacidade que correm na Justiça Federal e na Justiça Estadual, temos a tentativa de composição do litígio.

Há um natural incremento das tratativas judiciais para que seja alcançada a composição do litígio, já que seguramente é medida menos tormentosa e melindrosa a extinção do feito com julgamento de mérito

---

[249] TRF 4ª Região – Apelação/Reexame Necessário 5069565-71.2011.404.7100 (6ª Turma, Juiz Federal Paulo Paim da Silva, j. em 24/07/2013); TJ/RS – AI n° 70012612826 (10ª Câmara Cível, Rel. Des. Jorge Alberto Schreiner Pestana, j. em 18/08/2005) e AI n° 70015140940 (9ª Câmara Cível, Rel. Des. Tasso Caubi Soares Delabary, j. em 04/05/2006); STJ – REsp n° 197794/SC (6ª Turma, Rel. Min. Fernando Gonçalves, j. em 03/08/2000); e REsp n° 267652/RO (5ª Turma, Rel. Min. Felix Fischer, j. em 18/03/2003).

[250] SAVARIS, José Antônio. Coisa julgada previdenciária como concretização do direito constitucional a um processo justo. In: *Revista brasileira de direito previdenciário* n° 01, Ano 01, 2011: 65/86. Especialmente p. 70.

[251] THEODORO JR., Humberto. *Código de processo civil anotado*. 14. ed. Rio de Janeiro: Forense, 2010, p. 89/90.

com base no art. 269, III, quando da comparação com o art. 269, I, ambos do CPC.

No entanto, a composição do litígio por parte da Fazenda Pública sempre foi tida como matéria muito polêmica, mesmo em razão da disciplina envolvendo a não aplicação dos efeitos da revelia/confissão a este réu, por estar envolvida matéria de interesse público e indisponível, nos termos dos arts. 320 e 351 do CPC.[252]

De qualquer forma, mais recentemente, a espelho do que vinha já acontecendo na Justiça Federal – mormente no rito sumaríssimo dos Juizados Especiais Federais, o INSS iniciou procedimento tendente a realizar a composição dos julgados na esfera cível, em demandas previdenciárias acidentárias.

Pensamos que o acordo em audiência realizado por procurador autárquico com pleno domínio da causa é ato perfeitamente possível, podendo inclusive ser confirmada a composição sendo trazida matéria não posta em juízo – no caso, benefício por incapacidade não expressamente requerido na peça vestibular.

Ocorre que, nesses casos em que a composição é perfectibilizada, há notória vantagem para a Fazenda Pública, a qual pode restar isenta ao menos do pagamento de parte dos honorários sucumbenciais e mesmo de juros moratórios; sendo que justamente a demora na formação do precatório ou RPV[253] só determinaria mais gastos aos cofres públicos.

No ponto, há de se ressaltar que, no Brasil, o INSS só vem aceitando discutir o acordo após a realização de perícia oficial (e antes de ser proferida sentença). Tal peculiaridade se apresenta em razão de o INSS acreditar na sua perícia administrativa até que uma perícia oficial judicial venha a se postar em sentido contrário.

Tal peculiaridade, no entanto, há de ser repensada, já que a lógica da composição dos processos é justamente a de serem divididos os riscos e as expectativas, razão pela qual entendemos ser viável a composição do litígio a qualquer tempo, mas especialmente já na fase postulatória, prévia ao momento da realização de perícia oficial, quando há evidentes indícios que se colocam contra o resultado da perícia administrativa levada a cabo pelos peritos do INSS – o que não raro se sucede.[254]

---

[252] AMENDOEIRA JR., Sidnei. *Manual de processo civil*. Vol. 1. 2. ed. São Paulo: Saraiva, 2012, p. 455/456.

[253] SANCHEZ, Adilson. *Advocacia previdenciária*. 4. ed. São Paulo: Atlas, 2012, p. 275/276.

[254] RUBIN, Fernando. Proteção jurídica frente ao acidente de trabalho: medidas preventivas e repressivas. In: *Teatro de sombras*: relatório da violência no trabalho e apropriação da saúde dos ban-

Como última interessante peculiaridade no processo previdenciário e acidentário, temos a possibilidade de utilização pelo julgador, como regra de julgamento, do brocardo *in dubio pro misero*.[255]

Ocorre que muitas vezes o julgador se depara com situação fática de difícil resolução, diante da complexidade do quadro clínico articulado com a imprecisão das informações da perícia oficial chamada para elucidar a questão. Se a parte autora e mesmo o INSS fizeram todos os esforços para esclarecer a questão e mesmo assim o magistrado possui dúvidas, crível que se valha do brocardo *in dubio pro misero* e julgue a contenda a favor do hipossuficiente (segurado).

Nesse sentido, também vem se manifestando recentemente a mais abalizada jurisprudência pátria[256] – admitindo então modelo de constatação da verdade mais raso, abaixo da certeza (verdade material) e mesmo da verossimilhança ou preponderância de provas (verdade formal).

Na Justiça Federal, o fenômeno também vem sendo notado mais recentemente, mesmo que de maneira ainda tímida, tanto para o deferimento de tutela antecipada (no confronto dos laudos particulares com o pronunciamento administrativo do INSS),[257] quanto na análise

---

cários. Organizadores Jácéia Aguilar Netz e Paulo Antônio Barros Oliveira. Porto Alegre: Editora SindBancários Publicações, 2011, cap. 8, p. 121/131.

[255] PEDROTTI, Irineu A.; PEDROTTI, Willian A. *Acidentes do trabalho*. 4. ed. São Paulo: LEUD, 2003, p. 109.

[256] "(...) Tratando-se de demanda onde postulada a concessão de benefício de natureza acidentária, a competência para o feito é da Justiça Estadual. A aposentadoria por invalidez requer a constatação de incapacidade definitiva e a impossibilidade de reabilitação do segurado para atividade que lhe garanta a subsistência, conforme previsão legal do benefício contida na regra do art. 42 da Lei n° 8.213/91. Conforme entendimento jurisprudencial desta Corte e do STJ, não apenas os elementos previstos no art. 42 da Lei n° 8.213/91, mas também aspectos sócio-econômicos, profissionais e culturais do segurado devem ser considerados para fins de concessão da aposentadoria por invalidez. Peculiaridades do caso concreto e análise da situação pessoal do segurado que permitem a concessão do benefício de acordo com o conjunto fático-probatório dos autos. O magistrado não está adstrito ao laudo pericial, podendo formar a sua convicção com outros elementos ou fatos provados nos autos, de acordo os artigos 131 e 436 do CPC. Aplicação do princípio in dubio pro misero, que determina a interpretação do conjunto fático-probatório de forma mais favorável ao segurado (...)". (Apelação Cível n° 70040971590, Nona Câmara Cível, Tribunal de Justiça do RS, Relator: Leonel Pires Ohlweiler, Julgado em 25/05/2011).

[257] AGRAVO DE INSTRUMENTO. AUSÊNCIA DE LAUDO PERICIAL JUDICIAL. EXAMES E ATESTADOS PARTICULARES CONFLITANTES COM PERÍCIA AUTÁRQUICA. 1. Foram juntados aos autos exames e atestados particulares em dissonância com o resultado pericial da autarquia previdenciária. 2. A incapacidade é verificada mediante exame médico-pericial a cargo da Previdência Social ou realizado por perito nomeado pelo juízo; o julgador, via de regra, firma sua convicção com base no laudo do *expert*, embora não esteja jungido à sua literalidade, sendo-lhe facultada ampla e livre avaliação da prova. 3. Havendo colisão entre o laudo administrativo e o do médico particular, impera o princípio "in dubio pro misero" (TRF 4ª Região, 5ª Turma, Agravo de Instrumento n° 0006705-11.2013.404.0000, Rel. Des. Luiz Carlos de Castro Lugon, D.E. 17/01/2014).

do conjunto probatório em sentença (mormente para relativizar o teor do impreciso laudo oficial).[258]

Em razão de todos os eventos e percalços possíveis envolvendo as demandas judiciais propostas pelos segurados em desfavor do INSS, tanto na Justiça Federal como na Justiça Estadual, certo é que se deve buscar resgatar os valores do processo administrativo previdenciário,[259] resolvendo imediatamente um número ímpar de situações.

Há necessidade, para tanto, de preparação técnica dos operadores do direito nessa seara como também investimento no setor para que ande com rapidez e eficiência – inclusive construindo sistema de processo eletrônico administrativo, autorizando que os advogados devidamente credenciados na OAB possam substituir os despachantes, (muitos deles) sem formação técnica apropriada.

Se a via administrativa é, por regra, indispensável para se ingressar posteriormente no Judiciário e se são altos os custos da tramitação de cada demanda judicial, mesmo em rito sumaríssimo, prudente que a via administrativa passe a ser analisada com mais cuidado, sendo formatado processo interno no INSS que funcione bem e que preserve todas as garantias constitucionais indispensáveis – como o contraditório e a ampla defesa, a publicidade e a motivação suficiente das decisões monocráticas e colegiadas.[260]

Na esfera administrativa a demora e a falta de suficiente fundamentação para a negativa do pleito do segurado dá-se especialmente diante da interposição de recursos às instâncias superiores, cujo controle está a cargo do Conselho de Recursos da Previdência Social (CRPS). Ocorre que nesses casos o beneficiário aguarda por prazo indetermi-

---

[258] PREVIDENCIÁRIO. CONCESSÃO DE AUXÍLIO-DOENÇA. PRESENÇA DE INCAPACIDADE. LAUDO MÉDICO PSIQUIÁTRICO. PAGAMENTO DE PARCELAS VENCIDAS. *IN DUBIO PRO MISERO*. 1. O Laudo Pericial Judicial não se mostra adequado para a solução do pleito, devendo ser considerado o Laudo Médico Psiquiátrico trazido pelo Autor com o recurso de apelação que se encontra devidamente fundamentado e coerente com o exame dos fatos que geraram a doença em apreço, o agravamento do estado de saúde e a eclosão incapacitante da moléstia psiquiátrica. 2. Tenho que a internação hospitalar evidencia a existência da doença psiquiátrica em data anterior, e a necessidade de ajuda médica especializada, exigindo-se o afastamento das atividades laborativas. Outrossim, o deferimento do benefício de incapacidade em período subseqüente, denota a falta de recuperação de saúde e suas conseqüências impeditivas para o exercício do labor de subsistência. 3. Utilizando uma interpretação *in dubio pro misero*, merece prosperar o pleito da parte autora, acreditando que no período em que não esteve amparado pelo RGPS se encontrava incapacitado para o trabalho de forma temporária, fazendo jus ao benefício previdenciário de auxílio-doença (TRF 4ª Região, 6ª Turma, Apelação Cível nº 5008922-16.2012.404.7100 Rel. Des. Elzio Teixeira, D.E. 19/12/2013).

[259] A respeito: KEMMERICH, Clóvis Juarez. *O processo administrativo na Previdência Social – curso e legislação*. São Paulo: Atlas, 2012.

[260] MARTINEZ, Wladimir Novaes. *Comentários às súmulas previdenciárias*. São Paulo: LTr, 2011, p. 208.

nado e sem muita segurança jurídica resposta da Junta de Recursos da Previdência Social (JRPS) e da Câmara de Julgamentos (CAJ)[261] – cenário que exige urgente aperfeiçoamento.

Outra questão, nesse ambiente, que merece maior atenção circunscreve-se ao aproveitamento adequado da denominada "Justificação Administrativa" – procedimento interno tendente a fazer prova de circunstâncias alegadas especialmente pelo segurado ou dependente, notadamente envolvendo prova oral, como averbação de tempo rural (para contagem de tempo de contribuição), comprovação de união estável (para percepção de pensão por morte), e até mesmo configuração do nexo causal (para percepção de benefício por incapacidade acidentário).

O processo de Justificação Administrativa (JA) é geralmente parte de um processo antecedente, onde se tenha constatado a insuficiência de prova documental para concessão do pleito.[262] Há casos em que em meio à tramitação do feito, o Juízo percebe que não fora adequada (ou mesmo realizada) a Justificação Administrativa, determinando a suspensão do processo enquanto não perfectibilizada a etapa na via administrativa – medida com a qual não concordamos, já que se iniciada a etapa judicial (e resistida a lide), todo e qualquer meio de prova lícito (documental, pericial, oral) deve ser feito dentro do processo, em nome da organização e mesmo em nome da celeridade procedimental.

Especialmente em relação aos benefícios por incapacidade, previdenciários e acidentários, há um problema tópico a ser desenvolvido na via administrativa, relacionada à qualidade da perícia interna no INSS.

Entendemos que justamente por ser importante e complexo esse ato de avaliação pericial, o mesmo deveria ser feito de maneira mais cuidadosa pela autarquia federal, com número condizente de *experts* autárquicos e extrema qualificação dos mesmos – o que garantiria um nível de acerto nos diagnósticos muito maior do que temos hoje. Vê-se então que já estamos aqui nos afastando dos problemas meramente procedimentais, para ingressarmos em problemas de estrutura orçamentária e estratégica de atuação da Previdência Social no Brasil, o que inegavelmente é ponto ainda bastante precário.

Pois bem. Reconhecidos os problemas e peculiaridades comuns ao cenário processual tendente à concessão de benefício por incapacida-

---

[261] TSUTIYA, Augusto Massayuki. *Curso de direito da seguridade social*. 3. ed. São Paulo: Saraiva, 2011, p. 411.

[262] VILELA VIANNA, Cláudia Salles. *Previdência Social – Custeio e benefícios*. 2. ed. São Paulo: LTr, 2008, p. 548.

de previdenciário e acidentário, necessário, por derradeiro, lançarmos algumas bases para a construção de uma Teoria Geral de Procedimentos em Direito Social, unindo pontos em comum não só entre os procedimentos previdenciários e acidentários, mas também incorporando conquistas processuais nos campos do direito do trabalho, direito do consumidor e na previdência privada.

Seguramente não é fácil identificar a dimensão do que seja "Direito Social", já que o Direito por natureza é social, feito para vigorar na sociedade, e todos os ramos do Direito, portanto, têm essa característica, em maior ou menor grau.[263]

De qualquer forma, entendemos viável e oportuno buscar identificar os principais ramos do Direito que se projetam para a proteção da parte hipossuficiente em uma relação jurídica de direito material – cuja hipossuficiência se estende ao campo processual, razão pela qual medidas de proteção e determinação de equilíbrio entre as partes litigantes devem restar corporificadas – seja via desenvolvimento doutrinário e jurisprudencial, seja via eventual alteração legislativa.

O papel do Estado perante os direitos sociais é justamente fazer com que esses se tornem eficazes perante a sociedade; o Estado, na maioria dos casos tem que intervir para que esses direitos sejam respeitados, buscando sempre a aplicação da igualdade entre os agentes atuantes. Por certo daí, o Estado-juiz, ao longo da tramitação do processo, possui também a prerrogativa de agir, na defesa da parte menos favorecida, a fim de trazer equilíbrio à guerra ritualizada.[264]

O Direito Social compreenderia, nesse contexto e no nosso sentir, um conjunto de disciplinas jurídicas voltadas para a proteção dos cidadãos, mormente em temas relacionados à garantia da natureza alimentar de algumas prestações a elas devidas – cenário que se corporifica no direito previdenciário, no direito acidentário, no direito do trabalho e mesmo no direito consumeirista, cujos pontos de contato, em matéria de proteção, são bem visíveis e devem ser costurados.

Já tendo sido feitas menções às peculiaridades das demandas previdenciárias/acidentárias, avancemos para outras áreas.

No específico âmbito processual trabalhista, o princípio da proteção significa a presença, principalmente na legislação, de previsões que

---

[263] MARTINS, Sérgio Pinto. *Direito do trabalho*. 28. ed. São Paulo: Atlas, 2012, p. 15.

[264] BARBOSA MOREIRA, J. C. La igualdad de las partes en el proceso civil. In: *Temas de Direito Processual* (Quarta Série). São Paulo: Saraiva, 1989, p. 67/81.

procuram conferir tratamento mais favorável à parte mais vulnerável da relação processual, ou seja, o empregado.[265]

Há, pois, inegavelmente, aproximação forte desse campo de Direito Social com o previdenciário. Tem-se, inclusive, que o princípio da proteção, como mais relevante princípio do campo laboral,[266] aplica-se ao direito material do trabalho (forjando rígida interpretação do art. 9° da CLT)[267] e também ao direito processual do trabalho (construindo exigência de significativo depósito recursal tão somente por parte da empresa reclamada).[268]

Tratando do princípio da proteção, necessário abrirmos um parênteses para comentarmos algumas linhas a respeito da *prescrição ex officio*. Ocorre que o entendimento tradicional dos limites no reconhecimento da prescrição (a exigir prévia e expressa manifestação do réu no interesse do seu reconhecimento) teve grande ápice justamente no campo do direito do trabalho, já que a prescrição (sempre) é reconhecida em desfavor da parte hipossuficiente (empregado). Falando em tradição histórica da prescrição no nosso ordenamento, é cediço que a prescrição sempre fora enfrentada como matéria de defesa e elencada como questão de mérito, devendo ser invocada pelo réu com a contestação, sob pena de se tornar preclusa a arguição.[269]

A partir da alteração da temática prescricional pelo art. 219, § 5°, do CPC, a primeira exegese desenvolvida pela doutrina foi a de que a regra da declaração de ofício da prescrição é plenamente aplicável ao processo do trabalho, uma vez que o diploma trabalhista consolidado é omisso e não há qualquer incompatibilidade entre este diploma e o Código de Processo Civil.[270] Em semelhante direção, também foi destacado que é "inevitável" a aplicação do art. 219, § 5°, do CPC no processo trabalhista, sendo que as argumentações em sentido contrário,

---

[265] BARBOSA GARCIA, Gustavo Filipe. *Curso de direito processual do trabalho*. Rio de Janeiro: Forense, 2012, p. 47.

[266] SCHWARTZ, Rodrigo Garcia. *Direito do trabalho*. Rio de Janeiro: Elsevier, 2009, p. 15.

[267] Art. 9° CLT: "Serão nulos de pleno direito os atos praticados com o objetivo de desvirtuar, impedir ou fraudar a aplicação dos preceitos contidos na presente Consolidação".

[268] Só para termos algum parâmetro, a tabela do TST, em 2012, previa depósito de R$ 6.598,21 para apresentar recurso na segunda instância (ordinário) e para recorrer contra decisão do Tribunal Superior do Trabalho (TST) de R$ 13.196,42 (recurso de revista, embargos, recurso extraordinário e recurso em ação rescisória).

[269] MENEZES, Cláudio Armando Couce de. A prescrição e os princípios da eventualidade e da efetividade. In: *Repertório IOB de Jurisprudência* n° 40 (1993): 185/186.

[270] STUCHI, Victor Hugo Nazário. A Prescrição e sua decretação de ofício na Justiça do Trabalho. In: *Scientia FAER*, Olímpia – SP, Ano 1, Vol. 1, 2° Semestre. 2009, p. 82/91. Especialmente p. 90.

na verdade, estão a discordar do próprio Direito objetivo ora em vigor, situando-se assim no plano da crítica ao Direito legislado.[271]

No entanto, é de se registrar que o tema prescricional, nos estritos limites da esfera laboral, não parece ser tão simples. Ocorre que sob diversa perspectiva, possível se observar que, no âmbito do processo laboral, a decretação da prescrição virá sempre em prol do empregador; será uma vantagem diretamente vinculada à parte mais forte do conflito de interesses submetido à apreciação do órgão jurisdicional – logo, parece razoável que seu reconhecimento de ofício pelo magistrado irá colidir, de forma impostergável, com o princípio de proteção.[272]

Justamente ao encontro desse último entendimento, vem defendendo mais recentemente o TST que não se mostra compatível com o processo do trabalho a nova regra processual inserida no art. 219, § 5º, do CPC, que determina a aplicação da prescrição, de ofício, em face da natureza alimentar dos créditos trabalhistas:

> "Há argumentos contrários à compatibilidade do novo dispositivo com a ordem justrabalhista (arts. 8º e 769 da CLT). É que, ao determinar a atuação judicial em franco desfavor dos direitos sociais laborativos, a novel regra civilista entraria em choque com vários princípios constitucionais, como da valorização do trabalho e do emprego, da norma mais favorável e da submissão da propriedade à sua função socioambiental, além do próprio princípio da proteção".[273]

Portanto, embora ainda a questão não esteja devidamente cristalizada na Justiça do Trabalho, há evidente tendência atual de desconsideração, nesse especializado procedimento, da inovação legal inserida no art. 219, § 5º, do CPC – sendo sedimentado pelo TST que a prescrição continua sendo matéria de defesa do réu, sujeita ao regime preclusivo, não podendo as Superiores Instâncias dela tratar, caso a questão não tenha sido invocada pelo réu na origem ou já tenha sido solucionada em decisão da origem não mais passível de recurso.[274]

---

[271] BARBOSA GARCIA, Gustavo Filipe. Prescrição de ofício: da crítica ao direito legislado à interpretação da norma jurídica em vigor. In: *Revista de Processo* n° 145 (2007), p. 163/172. Especialmente p. 167.

[272] TOLEDO FILHO, Manoel Carlos. O novo § 5º do art. 219 do CPC e o processo do trabalho. In: *Revista do TST*, Brasília, vol. 72, n° 2, maio/ago 2006, p. 67/71. Especialmente p. 69.

[273] Ementa do julgado: "RECURSO DE REVISTA. PRESCRIÇÃO. DECLARAÇÃO DE OFÍCIO. NATUREZA ALIMENTAR DOS CRÉDITOS TRABALHISTAS. INCOMPATIBILIDADE COM O PROCESSO DO TRABALHO". (NÚMERO ÚNICO PROC: RR – 86000/2008-0031-23 ..DIG_TXT: 65-0 PUBLICAÇÃO: DJ – 16/04/2010 – extraído do *site* <http://www.jurisway.org.br/v2/bancojuris1.asp?pagina=1&idarea=1&idmodelo=19886>, acesso em 27/08/2011).

[274] RUBIN, Fernando; ROSSAL, Francisco. *Acidentes de Trabalho*. São Paulo: LTr, 2013, p. 131.

Indo em frente. Tendo em vista a relevância do crédito trabalhista, de natureza alimentar (como o benefício previdenciário), há necessidade de que o processo do trabalho garanta a proteção do trabalhador mas também que seja célere, simples, concentrado e eminentemente oral.[275] O processo eletrônico tende, nesse diapasão, a desenvolver tais aspectos em favor da parte autora hipossuficiente, existindo já forte incremento de Projetos-piloto – aproximando a realidade dos processos não físicos da Justiça do Trabalho com a pioneira Justiça Federal.

Por fim, no campo trabalhista-acidentário (demandas indenizatórias propostas pelo empregado em desfavor do empregador), com a competência estabelecida pela EC 45/2004, vem-se desenvolvendo em maior tom a possibilidade de inversão do ônus da prova[276] – não se cumprindo fielmente as disposições contidas no art. 818 da CLT c/c art. 333 do CPC[277] ou mesmo admitindo-se a condenação da empresa sem prova de culpa, bastando tão somente, nesse último caso, que se comprove o risco da atividade empresarial – medidas essas inovadoras que claramente se colocam no campo processual a favor do trabalhador.[278]

A inversão do ônus da prova, aliás, é novel matéria que se consolidou especialmente a partir da redação do art. 6°, VIII, do Código de Defesa do Consumidor. Ali encontra-se expresso que são direitos básicos do consumidor a facilitação da defesa de seus direitos, inclusive com a inversão do ônus da prova, a seu favor, no processo civil, quando, a

---

[275] MARTINS, Sérgio Pinto. *Direito processual do trabalho*. 22. ed. São Paulo: Atlas, 2004, p. 72/77.

[276] TEIXEIRA FILHO, Manoel Antônio. *A prova no processo do trabalho*. 10. ed. São Paulo: LTr, 2014, p. 95/101.

[277] Conforme as pesquisas realizadas junto ao TRT da 4ª Região tem-se realmente que não vem mais sendo acolhida rigidamente as disposições clássicas de processo referentes ao ônus da prova ("a prova das alegações incumbe à parte que as fizer"), mesmo nos típicos feitos trabalhistas, ganhando espaço o "princípio da aptidão para prova ou da distribuição dinâmica do ônus da prova", segundo o qual a prova deve ser produzida pela parte que a detém ou que a ela possui mais fácil acesso – nos termos da seguinte ementa: "FGTS. DIFERENÇAS. ÔNUS DA PROVA. Seguindo a orientação do Tribunal Superior do Trabalho, que revisou e cancelou, por meio da Resolução 175/2011, a OJ n° 301 da SDI-I, adota-se, a partir de então, o entendimento de que é do empregador o ônus da prova da regularidade dos depósitos do FGTS, independentemente de o empregado delimitar o período no qual não teria havido o correto recolhimento. Este posicionamento se mostra em consonância com o princípio da aptidão para prova ou da distribuição dinâmica do ônus da prova, segundo o qual a prova deve ser produzida pela parte que a detém ou que a ela possui mais fácil acesso. Assim, não tendo a empregadora se desincumbido do ônus probatório quanto à correção dos recolhimentos ao FGTS, prevalece a versão da inicial quanto à existência de diferenças a tal título. Recurso do reclamante provido para condenar a reclamada a efetuar os depósitos das diferenças de FGTS de todo o período contratual, autorizada a comprovação, na fase de liquidação, quanto aos valores já adimplidos pela ré para o seu abatimento". (Acórdão do processo 0000011-08.2011.5.04.0131 (RO) (Redator: FLAVIO PORTINHO SIRANGELO Participam: MARÇAL HENRI DOS SANTOS FIGUEIREDO, MARCELO GONÇALVES DE OLIVEIRA Data: 15/08/2012 Origem: Vara do Trabalho de Arroio Grande).

[278] GERALDO DE OLIVEIRA, Sebastião. *Proteção jurídica à saúde do trabalhador*. 5. ed. São Paulo: LTr, 2010, p. 240 e ss.

critério do juiz, for verossímil a alegação ou quando for ele hipossuficiente, segundo as regras ordinárias de experiências.

Sem dúvida, é mais uma disposição clara em favor da parte autora hipossuficiente, de natureza eminentemente processual. Sim, porque em geral o CDC é recheado de (oportunas) disposições favoráveis ao consumidor no campo do direito material (como o art. 51 a tratar da interpretação das cláusulas abusivas), sendo que é do nosso interesse ao longo desta passagem dar ênfase as medidas protetivas de cunho processual.

Se no direito laboral se fala precipuamente no princípio da proteção, aqui se fala em "hipossuficiente" e "vulnerável" – sendo que é justamente aludido pela doutrina especializada que são essas deficiências do consumidor a espinha dorsal da proteção montada no CDC.[279] Embora sejam conceitos próximos, em tese vem sendo fixado que "vulnerável" é conceito de direito material e geral, ou seja, atinge a todos; "hipossuficiente" é conceito de direito processual e particularizado, o qual enseja, no CDC, o direito à inversão do ônus da prova.[280]

O art. 6°, VIII, trata então diretamente do conceito de "hipossuficiente", consumidor que, no caso sub judice, precisa ter o devido respaldo do Estado-juiz, ao qual cabe devolver equilíbrio às partes litigantes, em desigualdade das mais diversas ordens. De fato, se de um lado todos reconhecem que o consumidor, em face de uma situação litigiosa, acha-se inferiorizado diante do fornecedor, de outro tem-se de aceitar a inversão do ônus da prova como meio de pôr em equilíbrio a posição das partes no conflito.[281]

A referida necessidade de intervenção judicial, muito presente no processo consumeirista, diga-se de passagem, surge precipuamente da tomada de consciência da insuficiência das partes e seus procuradores, por si só, serem agentes hábeis a conduzir, a contento, o processo em busca da verdade e da justiça; cabendo, pois, ao órgão judicial auxiliar nesta senda, tratando de equilibrar o jogo, em face de desigualdades sociais/econômicas/técnicas comumente presentes entre os contendores – conjectura que passou a exigir, em suma, algo mais do que a igualdade formal proporcionada pelo modelo processual liberal.[282] O

---

[279] CAVALIERI FILHO, Sérgio. *Programa de direito do consumidor*. São Paulo: Atlas, 2008. p. 38.

[280] SCHMITT, Cristiano Heineck; BARBOSA, Fernanda Nunes. *Cadernos de direito do consumidor – parte geral*. Porto Alegre: Escola Superior de Defesa do Consumidor do Estado do Rio Grande do Sul, 2010, p. 41.

[281] SAAD, Eduardo Gabriel. *Comentários ao código de defesa do consumidor*. São Paulo: LTr, 1998, p. 169.

[282] CAPPELLETTI, Mauro. Problemas de reforma do processo civil nas sociedades contemporâneas. In: *O processo Civil Contemporâneo*. Luiz Guilherme Marinoni (coord.). Curitiba: Juruá, 1994, p. 14.

Estado-juiz, nesse contexto atual, passaria, na verdade, a deixar de ser imparcial, se assistisse inerte, como um expectador de um duelo, ao massacre de uma das partes, ou seja, se deixasse de interferir para tornar iguais partes que são desiguais.[283]

Tal exigência moderna de suplementação de um modelo de atuação passiva do Estado-juiz na instrução processual orienta então o julgador a buscar a verdade independente da preclusão para as partes em matéria de prova – valendo-se de todos os meios probatórios lícitos e legítimos, típicos ou atípicos.[284]

Registre-se ainda que esse fenômeno do ativismo judicial foi sentido nos grandes sistemas processuais modernos, não só no sistema romano-germânico,[285] mas também na *Common Law*: na Inglaterra, a partir de novos paradigmas estabelecidos pela jurisprudência desde meados da década de 80, passou-se a se exigir participação ativa do juiz na composição das provas a formar o *trial*, inclusive mediante oficiosa intervenção no *pre-trial*;[286] e sendo analisados os avanços do processo americano das últimas décadas, identifica-se que especialmente o *processo estrutural* (envolvendo demandas coletivas e demandas individuais que podem atingir um número significativo de cidadãos em situação de direito semelhante) introduziu razões para o abandono de uma postura judicial puramente passiva, fazendo com que a confiança exclusiva na iniciativa das partes se tornasse insustentável.[287]

De fato, embora a regra tradicional seja a de que o juiz deva decidir segundo o alegado e provado pelas partes – *iudex secundum allegata et probata partium indicare debet*, o princípio dispositivo, ao longo da evolução do direito processual brasileiro (seguindo o fluxo mundial),[288] sofreu sensíveis restrições, consolidando-se que o juiz pode determinar

---

[283] WAMBIER, Teresa Arruda Alvim. *O novo regime do agravo*. 2. ed. São Paulo: RT, 1996, p. 313/314.

[284] CAPPELLETTI, Mauro. *La testemonianza della parte nel sistema dell'oralità*. Milão: Giuffrè, Primeira Parte, 1962, p. 270/286; VERDE, Giovanni. La prova nel processo civile (profili di teoria generale). In: *Rivista di diritto processuale* n° 1 (1998): 1/25, anno LIII, seconda serie; BEDAQUE, José Roberto dos Santos. *Poderes instrutórios do juiz*. 3. ed. São Paulo: RT, 2001, p. 157.

[285] MILLAR, Robert Wyness. *Los principios informativos del proceso civil*. Trad. por Catalina Grossmann. Buenos Aires, p. 85/91.

[286] JOLOWICZ, J. A. *A reforma do processo civil inglês: uma derrogação ao "adversary sistem"*. Trad. por J. C. Barbosa Moreira. In: *Revista de Processo* n° 75 (1994): 64/75.

[287] FISS, Owen. *Um novo processo civil*: estudos norte-americanos sobre jurisdição, constituição e sociedade. Coordenação de trad. por Carlos Alberto de Salles. São Paulo: RT, 2004, p. 50, 74/75, 81, 86/87.

[288] HABSCHEID, Walther J. As bases do direito processual civil. Trad. por Arruda Alvin. In *Revista de Processo* n° 11-12 (1978): 117/145; SATTA, Salvatore. *Diritto processuale civile*. 2. ed. Padova: CEDAM, 1950, p. 119.

as diligências necessárias à instrução do processo; sendo então absoluto somente no tocante à afirmação dos fatos em que se funda o pedido, no que o juiz depende inteiramente das partes – *iudex secundum allegata partium indicare debet*.[289]

No específico campo dos contratos de seguro envolvendo incapacidade, inclusive de ordem acidentária, há entendimento jurisprudencial interessante que vem sendo confirmado em favor da parte autora hipossuficiente – a tratar da (des)necessidade de produção de provas periciais ou orais no processo securitário.

Ocorre que se o segurado exige a indenização constante na apólice a partir de benefício definitivo concedido pelo órgão previdenciário – na via administrativa ou mesmo judicial – não parece crível se exigir do segurado que passe por longa fase instrutória, a fim de fazer prova de situação clínica já devidamente assentada.

Tal postura pode ser coibida judicialmente com base no art. 130, *in fine*, do CPC, o qual autoriza o indeferimento de meios de prova desnecessários ao deslinde da causa e que trazem consequentemente prejuízo direto à celeridade processual.

Se o trabalhador já foi aposentado por invalidez pelo INSS, após inúmeras perícias administrativas perante mais de um perito autárquico – ou mesmo teve garantido o benefício máximo após processo acidentário em que foi submetido à avaliação de um *expert* oficial da confiança do Juízo (além de serem compulsados outros meios de prova, como o documental e o oral), por qual razão deve ser produzida prova pericial em ulterior ação securitária? Acreditamos aqui que o feito pode ser julgado de maneira antecipada, após devida formação de contraditório em fase postulatória, tudo de acordo com o art. 330, I, do CPC.

Entendimento diverso, que vai no sentido de que o "juiz é destinatário da prova" e pode requerer a providência probatória que bem entender, não parece ser a alternativa mais acertada.[290] Mesmo porque, com o devido respeito ao entendimento diverso, cremos que não é o juiz o destinatário da prova, e sim todos os integrantes da relação jurídica processual (Juízo e partes litigantes) – devendo ser produzido o meio probante realmente relevante para a solução do conflito, não sendo crível a produção de prova pericial ou mesmo oral que se mostre custosa e protelatória.

---

[289] SANTOS, Moacyr Amaral. *Primeiras linhas de direito processual civil*. 11. ed. Vol. 2. São Paulo: RT, 1987, p. 78/79.

[290] Agravo de Instrumento nº 70009280819, Quinta Câmara Cível, Tribunal de Justiça do RS, Relator: Antônio Vinícius Amaro da Silveira, Julgado em 22/07/2004.

Já a mais nova matéria dentro do campo do Direito Social seria a da previdência privada.

Trata-se de campo novo, que possui a sua autonomia, mas que guarda vínculo muito próximo com a previdência pública, o direito do trabalho e mesmo o direito do consumidor.

Ocorre que aquele trabalhador (celetista), segurado da Previdência Social, que objetivar manter um suficiente padrão (financeiro) ao tempo da aposentadoria – inclusive a por invalidez, deverá buscar a formação de uma previdência complementar (à pública) – especialmente, então, aquela gama de segurados que recebem acima do teto do Regime Geral.

Em relação ao direito laboral, tem-se que os fundos fechados são organizados (patrocinados) justamente pelas empresas empregadoras, interessadas em manter alto padrão de funcionários, além de vantagens de ordem econômica e fiscal com a implementação de medida vantajosa a um determinado significativo grupo de empregados.

Temos aqui, pois, o campo da previdência complementar à pública, de natureza contratual e facultativa, nos termos do art. 202 CF c/c Lei Complementar 109/2001.[291] Essa questão da contratualidade inegavelmente aproxima a previdência privada do campo securitário, ainda mais se a espécie de previdência supletiva for do tipo "aberta" – em que há maior liberdade de escolha do produto contratado junto à pessoa jurídica, com fins lucrativos, sujeita às regras de mercado (regime diverso do "fechado" a determinado grupo de empregados vinculados a uma empresa patrocinadora).

Desenvolvida então em razão da existência de um teto para benefícios pagos pela previdência pública, a previdência privada se subdivide em Entidade Fechada Previdência Privada (EFPP) – Fundos de Pensão (como a PETROS – da Petrobrás, PREVI – do Banco do Brasil, FUNCEF – da CEF); e Entidade Aberta Previdência Privada (EAPP) – Sociedade Anônima (bancos e seguradoras).

Tal cenário, no país, é recente já que foi tão somente a partir da Lei 6.435/77 que foram instituídos esses dois sistemas de previdência supletiva no Brasil. A previdência fechada tem como órgão normativo o Conselho de Previdência Complementar e como órgão executivo a Secretaria de Previdência Complementar; já a previdência aberta

---

[291] BALERA, Wagner – organizador. *Comentários à lei de previdência privada: LC 109/2001*. São Paulo: Quartier Latin, 2005; BRASIL. *Fundos de pensão*: coletânea de normas. Brasília: Ministério da Previdência Social, 2010; ARRUDA. Maria da Glória Chagas. *A previdência privada aberta como relação de consumo*. São Paulo: LTr, 2004, p. 55.

tem como órgão normativo o Conselho Nacional de Seguros Privados e como órgão executivo a Superintendência de Seguros Privados.[292]

Os problemas judiciais decorrentes da relação jurídica entre segurado e previdência complementar são, por isso, novos, inúmeros e vão seguir exigindo da magistratura cuidados e eventuais respaldos de ordem processual à parte autora hipossuficiente,[293] inclusive a inversão do ônus probante – além de garantias, no campo do direito material, de exegese do contrato (muitos de adesão) firmado em lógica próxima àquela feita no campo consumeirista.

É de se alertar, nesse cenário, que geralmente o autor será pessoa idosa, aposentado sem o devido domínio da técnica matéria vergastada (v.g., revisão de benefício complementar), sendo que caberá ao Estado--juiz realizar aquele debatido equilíbrio de forças na guerra ritualizada, nessa hipótese de demanda individual – inclusive atentando-se para o fato de a entidade de previdência privada ré apresentar os principais (se não todos) os documentos pertinentes ao julgamento da causa que estejam em seu exclusivo poder.

Essa é ainda, de qualquer forma, a matéria de Direito Social menos debatida (embora nada singela), situação que deve se modificar em razão de um número cada vez maior de brasileiros afetados – inclusive pela real possibilidade de, em tempo diminuto, ser integralmente efetivado o ingresso na previdência complementar dos servidores públicos federais.

Desenvolvidas as peculiaridades principais dos procedimentos (de Direito Social) previdenciário/acidentário, trabalhista e consumeirista, importante que cogitemos de pontos procedimentais que poderiam ser utilizados de maneira comum. Retomando, previamente, que o processo previdenciário geralmente tramita no rito sumaríssimo da Justiça Federal, sendo que as demandas trabalhistas e consumeiristas, embora possam tramitar nesse rito (respectivamente na Justiça do Trabalho e na Justiça Estadual), em geral seguem o rito comum ordinário – o qual também é utilizado pela parte autora hipossuficiente nas demandas acidentárias em desfavor do INSS (cuja competência é da Justiça Estadual).

Reconhecendo essa viável pluralidade de procedimentos, o jurista austríaco Hans Schima defendeu a possibilidade de construção de uma

---

[292] PÓVOAS, Manuel Soares. *Seguro e Previdência*: na rota das instituições do bem-estar. São Paulo: Green Forest, 2000, p. 260/261.

[293] PEREIRA DA COSTA, Maria Isabel; PEREIRA DA COSTA, Luciana. A responsabilidade ética do Poder Público e a Previdência Social. In: *Ética e a Previdência Pública e Privada*. Porto Alegre: Livraria do Advogado, 2010, p. 105/135.

Teoria Geral dos Procedimentos, a determinar quais os problemas são comuns a eles e de que maneira então poderiam ser enfrentados; criando-se uma identidade viável de temas jurídicos empregados; e ainda um consenso em relação à via comum que todos os procedimentos deveriam percorrer.[294]

No sistema pátrio, visualiza-se, além do rito comum ordinário (art. 282 e ss. do CPC), o rito comum sumário (art. 275/281 do CPC), o rito sumaríssimo (Lei n° 9.099/95 e Lei n° 10.259/01), além de ritos especiais (regulado em legislação extravagante e também no CPC) – levando-se em consideração determinados critérios, como a matéria controvertida, as partes envolvidas e o valor da causa arbitrado inicialmente.

Dos ritos sobreditos, necessário observar que o sistema pensado por Alfredo Buzaid só não previa o rito dos Juizados Especiais, aqui denominado de "sumaríssimo". Para o organizador do CPC de 1973, o rito sumaríssimo seria aquele previsto nos arts. 275/281 (conforme sua exposição de motivos, Capítulo VI), o qual deveria durar em média não mais do que dois meses. Não emplacando o modelo na prática forense devido sucesso, foi necessário se pensar em rito mais célere e desburocratizado (o desenvolvido pela Lei n° 9.099/95 e pela Lei n° 10.259/01 – respectivamente para a Justiça Estadual e Justiça Federal), relegando-se para segundo plano o rito sumário, hoje quase em desuso.[295]

Tal constatação é realmente relevante porque as diferenças orgânicas dos procedimentos (em número de fases e duração de cada uma delas) determinarão, diante do caso concreto, lapso temporal maior ou menor da demanda, complexidade maior ou menor desta, desenvolvimento em maior ou menor grau da concentração e da oralidade no processo – sendo o fenômeno preclusivo sempre sensível a esses importantes aspectos, tudo a importar em uma consequente maior ou menor aplicação de seus préstimos.[296]

Levando, pois, em consideração as lições da doutrina estrangeira, temos como viável ao menos cogitarmos, pelo que até aqui foi exposto, de uma *Teoria Geral de Procedimentos em Direito Social*, a partir da investigação e consolidação de alguns avanços, notadamente juris-

---

[294] SCHIMA, Hans. Compiti e limiti di uma teoria generale dei procedimenti. Trad. por Tito Carnacini. In: *Rivista trimestrale di diritto e procedura civile*, n° 7 (1953): 757/772.

[295] BUZAID, Alfredo. Linhas fundamentais do sistema do código de processo civil brasileiro. In: *Estudos e pareceres de direito processual civil*. Notas de Ada Pellegrini Grinover e Flávio Luiz Yarshell. São Paulo: RT, 2002, p. 31/48.

[296] A respeito do tema preclusivo, consultar: RUBIN, Fernando. *A preclusão na dinâmica do processo civil*. 2. ed. São Paulo: Atlas, 2014.

prudenciais, em defesa da parte autora hipossuficiente (segurados/acidentados/trabalhadores/consumidores).

Nesse sentido, temos que não seria abusiva, a título ilustrativo, ser determinada a inversão do ônus de provar em toda a demanda envolvendo Direito Social, sendo amplamente relativizada as disposições de regra de julgamento constantes no art. 333 do CPC.

Por outro lado, caberia ser estendida para todos os procedimentos em Direito Social a exigência de juntada pela parte demandada de todos os documentos úteis à elucidação da causa, independentemente se são benéficos ou não aos seus restritos interesses; como também poderia ser cogitada a possibilidade de aplicação maior do brocardo *in dubio pro misero*, como modelo de constatação da verdade menos rígido nas demandas em Direito Social, na hipótese de existir dúvida razoável sobre a viabilidade do pleito.

Ademais, tema correlato, temos que aqui há campo fértil para, em defesa da parte hipossuficiente, ser incrementada a preocupação judicial com o resguardo à produção de provas. Ocorre que esses conflitos judiciais em desfavor do INSS, fundos de previdência complementar, empregadores e seguradoras geralmente envolvem matéria fática densa, que precisa ser muito bem explicitada, mesmo que corramos o risco de eventual limitação ao direito de termos um processo célere.

Extrai-se inegavelmente da CF/88, a máxima de que a prova é algo fundamental para o processo, que não é algo acessório, que não pode ser simplesmente indeferido pelo magistrado sem maiores repercussões. Se é bem verdade que há disposição expressa a respeito do macro princípio da "efetividade", conforme preconiza o novel inciso LXXVIII do art. 5°, há dispositivos constitucionais – embora menos explícitos – que se colocam mais propriamente a favor da prova, voltados ao macro princípio da "segurança jurídica",[297] no sentido de garantia de aproximação do juiz da verdade no caso concreto.

Dentre os fundamentos constitucionais do direito prioritário à prova, podemos elencar: art. 5°, XXXV: acesso (adequado) ao Judiciário; art. 5°, LIV: devido processo legal (processo justo); art. 5°, LV: contraditório e ampla defesa (com os meios de prova inerentes); art. 5°, LVI: provas lícitas (processo que aceita número amplo de provas lícitas).

Tais dispositivos – relevantíssimos dentro do contexto processo-constitucional[298] – podem (devem) ser interpretados articuladamente a

---

[297] ALVARO DE OLIVEIRA, Carlos Alberto. O formalismo-valorativo no confronto com o formalismo excessivo. In: *Revista de Processo* n° 137 (2006):7/31.

[298] SCARPARO, Eduardo. *As invalidades processuais civis na perspectiva do formalismo-valorativo*. Porto Alegre: Livraria do Advogado, 2013, p. 27.

fim de que o procedimento judicial em Direito Social seja não só célere, mas também qualificado – o que, diante do nosso objeto de investigação, é obtido por meio de não limitação excessiva do direito de provar. Nesse diapasão, a doutrina especializada destaca que embora o direito à prova não seja absoluto (como nenhum direito pode desta forma ser concebido), deve ser reconhecido como prioritário para o sistema processual, não podendo ser indevidamente limitado, a ponto de seu exercício ser meramente residual.[299]

Tal constatação autoriza, sem dúvidas, a possibilidade de analisarmos as repercussões infraconstitucionais desse conceito de direito prioritário à prova, a partir da releitura de alguns importantes artigos do CPC à luz desse conjunto de garantias constitucionais à prova.

Assim, embora deva ter a parte autora hipossuficiente, na busca de um Direito Social, a garantia do devido processo legal (mesmo em procedimento administrativo), certo que ao menos sendo plenamente beneficiada no processo judicial com a inversão do ônus de provar, a juntada pela parte contrária de todos os documentos úteis à elucidação da causa e ainda sendo determinados efetivos esforços pelo Estado-juiz no sentido de acatar e mesmo produzir *ex officio* provas que venha a aproximá-lo da realidade a ser apreciada, melhor decisão de mérito há de ser proferida, o que é vital inclusive em razão dos efeitos prospectivos[300] que tais demandas individuais podem representar para outros cidadãos em situação semelhante/próxima àquela judicializada.

As propedêuticas reflexões aqui lançadas partem do claro intuito de analisarmos os procedimentos judiciais de forma mais global, identificando similitudes que podem ser desenvolvidas a partir dos permissivos legais já fixados: como o aproveitamento máximo dos meios de provas lícitos no caso concreto, bem como a tramitação do feito com duração razoável – sem que se perca a qualidade nas decisões de mérito, nessas demandas de Direito Social envolvendo caráter alimentar.

Também, as linhas aqui lançadas devem encorajar os interessados, incentivando o exame de outras similitudes, já esparsamente tratadas pela jurisprudência e doutrina especializada e que podem ser melhor sistematizadas por meio de alteração legislativa: como uma regulamentação geral de inversão do ônus da prova (como já vem se sucedendo no direito do consumidor e trabalhista) e exigência de juntada pela parte demandada de todos os documentos úteis à elucidação da causa, independentemente se são benéficos ou não aos seus restri-

---

[299] CAMBI, Eduardo. *A prova civil*: admissibilidade e relevância. São Paulo: RT, 2006. p. 35.

[300] KNIJNIK, Danilo. *O recurso especial e a revisão da questão de fato pelo Superior Tribunal de Justiça*. Rio de Janeiro: Forense, 2005, p. 63/70, especialmente.

tos interesses (como já vem se sucedendo no direito previdenciário), bem como a aplicação do brocardo *in dubio pro misero*, como modelo de constatação da verdade menos rígido, favorável aos interesses da parte autora hipossuficiente (como já vem se sucedendo, em maior escala, no direito acidentário).

Os estudos e as experiências até aqui trocadas – nas áreas previdenciária/acidentária, trabalhista e consumeirista – indicam que muito ainda pode ser feito no resguardo dessa grande gama de cidadãos que procuram individualmente o Poder Judiciário, sendo necessário que as pesquisas na análise articulada de institutos afins e especialmente a preocupação com a efetivação de legítimos direitos sociais esteja bem presente, especialmente entre aqueles operadores do Direito que tratam desses relevantíssimos temas na prática forense.

14. Conclusão

O presente trabalho buscou apresentar as principais questões envolvidas no afastamento do trabalhador em benefício por incapacidade – especialmente tratando do empregado celetista, o grande segurado do Regime Geral da Previdência Social. Conexões, mormente feitas, com o direito constitucional, com o direito do trabalho e com o direito processual auxiliaram na compreensão mais ampla de como tais benesses, em geral substituidoras de remuneração dos trabalhadores, podem ser concretizadas, sempre que suficientemente preenchidos os requisitos da Lei de Benefícios do regime previdenciário, Lei n° 8.213/91.

Passamos então, em rápida síntese, pelas centrais questões que discutimos ao longo do livro.

Iniciamos por reunir os benefícios previdenciários, em determinados grupos, quais sejam: *a)* benefícios por incapacidade – objeto central da nossa obra, ligados ao direito infortunístico, com baixo período de exigência de contribuição para fins de gozo da prestação (carência), variando de 0 a 12 meses, integrado pelo auxílio-doença previdenciário (B31), o auxílio-doença acidentário (B91), o auxílio-acidente previdenciário (B36), o auxílio-acidente acidentário (B94), a aposentadoria por invalidez previdenciária (B32) e a aposentadoria por invalidez acidentária (B92); *b)* benefícios pagos aos dependentes, com carência zero, integrado pela pensão por morte (B21) e auxílio-reclusão (B25); *c)* aposentadorias previdenciárias, com longo período de carência, de no mínimo 180 meses, integrado pela aposentadoria por idade (B41), aposentadoria por tempo de contribuição (B42) e aposentadoria especial (B46); e *d)* benefícios híbridos ou residuais, previstos como benefícios previdenciários pelo art. 7° da CF/88, cujo pagamento geralmente não fica a cargo direto do INSS, como o salário-maternidade, o salário-família e ainda o seguro-desemprego.

Na sequência, desenvolvemos as peculiaridades de cada um dos benefícios por incapacidade, salientando o caráter provisório do auxílio-doença – com RMI de 91% do salário-benefício; e o caráter definitivo do auxílio-acidente – com RMI de 50% do salário-benefício, pago como indenização nas hipóteses de invalidez parcial; e da aposentadoria por invalidez – com RMI de 100% do salário-benefício, pago quando configurada invalidez total. Ainda frisamos que excepcionalmente pode a RMI da aposentadoria por invalidez chegar a 125% do salário-benefício, inclusive superando o teto da Previdência, nos termos explicitados pelo art. 45 da Lei n° 8.213/91 – quando o segurado necessitar da assistência permanente de outra pessoa.

Certificamos que os benefícios por incapacidade podem ser acidentários ou comuns (ou previdenciários), dependendo se a causa da saída em benefício envolve ou não acidente de trabalho – aqui englobados os acidentes de trajeto (ou *in itinere*), os acidentes típicos (ou tipos) e as doenças ocupacionais (doenças do trabalho e doenças profissionais). O número de benefícios comuns (ou previdenciários) é muito maior do que os de ordem acidentária, porque as possibilidades de infortúnio fora do trabalho são maiores e porque, principalmente, o número de segurados (obrigatórios e facultativos) que podem sair em benefício dessa espécie também são maiores, reservando-se o benefício acidentário, provisório ou definitivo, ao segurado celetista, ao trabalhador avulso e ao segurado especial.

Daí partimos para a confirmação das vantagens do benefício provisório acidentário (B91), como a estabilidade provisória quando do retorno ao labor e a garantia dos depósitos de Fundo de Garantia pelo período de incapacidade. Para ser considerado como tal, a legislação prevê alguns institutos responsáveis pela confirmação do nexo causal (ou nexo etiológico) como a CAT, a teoria das concausas e a presunção do nexo técnico epidemiológico.

Sendo o benefício não acidentário, será exigida carência – a qual resta estabelecida, para o auxílio-doença (B31) e para a aposentadoria por invalidez (B32), em 12 meses, salvo se o quadro de incapacidade for de ordem grave, regulada pela Instrução Normativa 45, quando a carência é zero, como, por ex., nos casos de neoplania maligna e mal de parkinson.

Dentre as grandes causas que motivam a concessão do B31 temos hoje no Brasil os acidentes de trânsito e os acidentes domésticos; já dentre os infortúnios que motivam a saída em B91 devemos lembrar as lesões por esforços repetitivos (LER) e as quedas ocorridas no ambiente de trabalho.

Fizemos questão de enfatizar, ao longo de boa parte da obra, que o benefício auxílio-doença possui especial relevância no quadro dos benefícios por incapacidade porque é porta de entrada para a concessão dos benefícios definitivos, sendo raros os casos de concessão administrativa imediata de auxílio-acidente ou aposentadoria por invalidez ao segurado da Previdência.

Eis a razão pela qual destacamos o procedimento da alta médica programada e os recursos administrativos cabíveis – com o Pedido de Prorrogação (PP), o Pedido de Reconsideração (PR) e o recurso à Junta de Recursos (JRPS). Também em momento próximo no livro tratamos da reabilitação profissional (passagem pelo CRP/INSS), já que o trabalhador geralmente se encontra em benefício provisório por lapso temporal significativo, quando encaminhado à reabilitação, a fim de serem averiguadas as reais condições de retorno seguro ao mercado de trabalho.

Caso não consiga encerrar a reabilitação profissional, teríamos hipótese autorizadora do benefício máximo, já que há fortes indícios de que o segurado não pode voltar a exercer, de modo digno, atividade que lhe garanta a subsistência, razão pela qual deve ser aposentado por invalidez. Por outro lado, há uma grande probabilidade de o segurado encerrar a passagem de forma exitosa pela reabilitação, sendo concedido certificado que aponte para a sua aptidão com restrições às suas anteriores atividades laborais. Esse cenário autorizaria a concessão do auxílio-acidente ao trabalhador, a partir da alta da reabilitação, que coincidiria com a alta de benefício auxílio-doença, nos termos exatos do art. 86, § 2°, da Lei n° 8.213/91.

Aproveitemos a passagem para ratificarmos que o auxílio-acidente pode ser acidentário (B94) ou comum (B36), não havendo mais, conforme legislação atual, a relação exclusiva deste benefício por incapacidade com os quadros de acidente de trabalho – salvo uma exceção: há hipótese legal em que o auxílio-acidente terá exclusiva natureza acidentária (B94), cinge-se aos problemas de perda auditiva (PAIR), conforme determinação contida no art. 86, § 4°, da Lei n° 8.213/91.

Sobre as discussões de importantes tópicos específicos envolvendo os benefícios por incapacidade, iniciamos tratando da relação de cada um deles com as aposentadorias previdenciárias do sistema, especialmente a maior delas – a aposentadoria por tempo de contribuição. Vimos que o auxílio-doença e a aposentadoria por invalidez contam tempo de contribuição e carência para o B42, sendo que o auxílio-acidente não, em razão da sua natureza indenizatória, meramente complementadora de renda. Já a respeito da aposentadoria por idade, B41, também vem se entendendo que o período de auxilio-doença e aposentadoria por invalidez devem contar para fins de carência e até tempo de contribuição para formação mais vantajosa da RMI do benefício previdenciário. Por fim, com relação à aposentadoria especial, B46, o mesmo raciocínio vem sendo admitido para os benefícios por incapacidade que substituem a renda do trabalhador, especialmente para o benefício provisório de natureza acidentária, B91, o qual deve contar para fins de tempo de contribuição e carência. Fixamos, neste particular, entendimento de que deve ser diferenciada a concessão do auxílio-doença de natureza acidentária e atrelada ao ambiente de labor inóspito com o benefício por incapacidade de natureza comum, B31, que realmente não teria por que ser utilizado favoravelmente ao segurado para qualquer finalidade relacionada ao B46.

Com relação à cumulação de benefícios, o auxílio-doença e a aposentadoria por invalidez, por serem benefícios de natureza alimentar e que substituem a renda do trabalhador, por certo não podem ser cumulados com várias prestações do sistema – mencionando, mormente o art. 124 da Lei de Benefícios do RGPS, a vedação à percepção conjunta com o salário-maternidade e o seguro-desemprego. Há vedação contemporânea de mais de um benefício por incapacidade simultaneamente, salvo cumulação de auxílio-doença e auxílio-acidente em razão de fatos geradores distintos. O auxílio-acidente, por suas naturais peculiaridades, pode ser cumulado com a maioria dos benefícios, além do salário do empregador quando o segurado encontra-se na ativa, sendo cancelado o seu pagamento, conforme a Lei n° 9.528/97, tão só a partir da concessão de uma aposentadoria previdenciária ao trabalhador.

Ainda lembramos que o benefício assistencial de prestação continuada (LOAS) devido ao idoso (B88) e ao deficiente (B87) não poderá ser cumulado com qualquer benefício por incapacidade da Previdência Social. Nessa hipótese, a tendência natural é a concessão do benefício previdenciário para beneficiário que cumprir os requisitos legais, já que o benefício assistencial possui requisitos mais severos, incluindo a difícil prova da miserabilidade, além de não gerar pensão por morte e não pagar o décimo terceiro salário – denominado de abono anual, pelo art. 40 da Lei n° 8.213/91.

Sobre os benefícios por incapacidade e as questões prejudiciais de mérito prescrição/decadência, sedimentamos que no campo previdenciário, nos termos do art. 103 da Lei de Benefícios do RGPS, aplica-se a prescrição parcial, modalidade menos agressiva do que a prescrição total ou do fundo do direito, em que não se dá a prescrição integral das cifras relacionadas ao direito adquirido do segurado, mas sim se opera tão somente a perda de determinadas parcelas pretéritas em razão da demora no ajuizamento da demanda judicial. Na verdade, as parcelas perdidas circunscrevem-se ao período de cinco anos anteriores ao ajuizamento da demanda, razão pela qual essa modalidade mais branda é também denominada de "prescrição quinquenal", na forma como regulada pela Súmula 85 do STJ.

Sublinhou-se que a prescrição quinquenal não se confunde com a decadência do direito ou ação do segurado ou beneficiário para a revisão do ato de concessão de beneficio. Após a concessão do beneficio previdenciário – sujeito eventualmente à prescrição quinquenal –, poderá se fazer presente a decadência do direito ou ação que verse especificamente sobre a revisão do ato de concessão do benefício; a qual da mesma forma que a prescrição poderá ser invocada de ofício, extinguindo o processo com julgamento de mérito – de acordo com o art. 269, IV, do CPC. Ainda lembramos que tanto a prescrição como a decadência previdenciária não correm contra pessoas absolutamente incapazes, em face da sua impossibilidade de manifestação válida de vontade, circunstância que não pode ser geradora de prejuízo por conta de eventual inércia para, respectivamente, requerer benefício ou requerer revisão da RMI de benefício já concedido.

Por último, no campo do direito material, discutimos os efeitos dos benefícios por incapacidade no desenvolvimento do contrato de trabalho. O auxílio-doença e a própria aposentadoria por invalidez suspendem por prazo indeterminado o contrato de trabalho, enquanto que no auxílio-acidente o contrato segue a pleno. No caso de incapacidade provisória, os primeiros quinze dias de afastamento do empregado celetista enquadra-se como interrupção do contrato de trabalho. Após, estando o contrato suspenso, não pode o trabalhador ser desligado sem justa causa, no entanto poderia vir a ser desligado por justa causa – como, por ex., na hipótese de violação de segredo da empresa pelo empregado afastado em benefício (art. 482, alínea "g", CLT). Também pode ser desligado por justa causa, a partir do momento em que não se reapresenta para o trabalho, em período superior a 30 dias da alta de benefício previdenciário, conforme Enunciado n° 32 do TST.

No período em gozo de licença saúde, só se o benefício provisório for acidentário garante-se o depósito do FGTS, o que não se dá se estiver aposentado por invalidez, conforme entendimento que vem sendo confirmado pelo TST. Ainda, na hipótese de o trabalhador estar percebendo uma aposentadoria previdenciária e seguir laborando, não pode sair em benefício auxílio-doença – diante de vedação de cumulação de benefícios do RGPS, nesse caso explicitada pelo art. 18 da Lei n° 8.213/91; mesmo assim, contemporânea corrente jurisprudencial vem determinando, ao menos, seja concedida a estabilidade provisória prevista no ar. 118 da Lei n° 8.213/91 ao trabalhador nessa situação, se o mesmo ficar por mais de quinze dias afastado do ambiente de trabalho para recuperação de sua capacidade laboral.

Na parte final da obra, buscamos desenvolver em maiorias minúcias as questões atreladas ao direito processual, com o fito de discutir os mecanismos garantidores de efetivação dos direitos previdenciários dos segurados.

Ratificamos que os benefícios devem ser requeridos na Justiça Federal, a partir da negativa administrativa, não sendo necessário passar por todas as instâncias, consoante Súmula 89 do STJ; tão somente os benefícios acidentários, incluindo-se aqui os pleitos de revisão de benefícios acidentários, seguem na Justiça Estadual, de acordo com a histórica Súmula 15 do mesmo STJ. Demandas acidentárias na Justiça do Trabalho somente são viáveis quando o pleito envolve empregado *versus* empregador; ainda demandas acidentárias são viáveis na Justiça Federal na excepcional hipótese de ação regressiva proposta pelo INSS em desfavor do empregador responsável direto, com culpa grave ou dolo, pelo acidente ou doença do trabalho.

A respeito do rito para obtenção de um beneficio por incapacidade, há evidentes diferenças entre aquele da Justiça Federal – tradicionalmente sendo utilizado o rito sumaríssimo do JEF – e o da Justiça Estadual – necessariamente sendo utilizado o rito comum ordinário. Embora seja mais célere, e até já eletrônico, o primeiro, oferece menos oportunidades probatórias e de recursos contra decisões interlocutórias, razão pela qual as demandas acidentárias tendem a ter instrução maior, mesmo porque a discussão não envolve tão só a extensão da incapacidade, como também o nexo causal.

Nesse diapasão, forçosa a recordação de que especialmente os quadros psíquicos vêm se revelando muito difíceis de configuração do nexo causal, sendo comum que mesmo os médicos particulares dos trabalhadores atestem com maior tranquilidade a extensão da incapacidade, mas resistam ao determinar com precisão a origem dessa incapacidade. Eis a razão que se justificou, ao longo da obra, o estudo mais detido dos acidentes de trabalho, já que a configuração do nexo causal é questão delicada, refletindo em inúmeros indeferimentos de benefício acidentário tanto na via administrativa, como na via judicial.

Por derradeiro, tratamos de algumas similitudes entre os processos envolvendo a concessão de benefício por incapacidade, acidentário ou não, como a possibilidade ampla de alteração da causa de pedir e pedido; possibilidade maior de composição do litígio pela via do acordo/conciliação; e aplicação processual do brocardo *in dubio pro segurado*.

Ainda sedimentamos que se a via administrativa é, por regra, indispensável para se ingressar posteriormente no Judiciário, Federal ou

Estadual, e se são altos os custos da tramitação de cada demanda judicial, mesmo em rito sumaríssimo, prudente que a via administrativa passe a ser analisada com mais cuidado, sendo formatado processo interno no INSS que funcione bem e que preserve todas as garantias constitucionais indispensáveis – como o contraditório e a ampla defesa, a publicidade e a motivação suficiente das decisões monocráticas e colegiadas.

E quanto a um ousado esboço de uma teoria geral de procedimentos em Direito Social, os estudos e as experiências até aqui trocadas – nas áreas previdenciária/acidentária, trabalhista e consumeirista – indicam que em todas essas demandas, além de ter a parte autora hipossuficiente, na busca de um Direito Social, a garantia do devido processo legal, certo que ao menos já poderia ser amplamente beneficiada no processo judicial com *a)* a inversão do ônus de provar; *b)* a juntada pela parte contrária de todos os documentos úteis à elucidação da causa, mesmo contrários aos seus interesses; e *c)* ainda a aplicação de esforços pelo Estado-juiz no sentido de acatar e mesmo produzir *ex officio* provas que venha a aproximá-lo da realidade a ser apreciada – chegando-se a melhor decisão de mérito, o que é vital inclusive em razão dos efeitos prospectivos que tais demandas individuais podem representar para outros cidadãos em situação semelhante/próxima àquela judicializada; *d)* caso mantida a dúvida a respeito do pleito, existindo razoáveis fundamentos a favor da parte autora hipossuficiente, poderia ainda ser genericamente utilizado o brocardo *in dubio pro misero*, como modelo de constatação da verdade menos rígido.

Eis o panorama que tínhamos em mente apresentar à comunidade jurídica, na expectativa de analisarmos as peculiaridades da causa singular em benefícios por incapacidade, mas inseri-la em um cenário maior, em que possível inclusive, na nossa concepção, ser forjada uma teoria procedimental em Direito Social.

As pesquisas e os estudos prosseguem, mas, de qualquer forma, pensamos ser muito útil o enquadramento macro/articulado ora proposto, mesmo para que os operadores do direito possam cobrar lógica e previsibilidade de eventuais mudanças legislativas a serem realizadas e da própria jurisprudência que vai se formando em relação às relevantes e sociais temáticas aqui debatidas.

15. Referências bibliográficas

ALENCAR, Hermes Arrais. *Cálculo de benefícios previdenciários* – Regime Geral de Previdência Social. 5. ed. São Paulo: Atlas, 2013.

ALVARO DE OLIVEIRA, Carlos Alberto. *Do formalismo no processo civil*. 2. ed. São Paulo: Saraiva, 2003.

——. O formalismo-valorativo no confronto com o formalismo excessivo. In: *Revista de Processo* n° 137 (2006):7/31.

——. MITIDIERO, Daniel. *Curso de processo civil*, Vol. 2. São Paulo: Atlas, 2012.

ALVIM, Arruda. Lei n° 11.280, de 16.02.2006: análise dos arts. 112, 114 e 305 do CPC e do § 5° do art. 219 do CPC. In: *Revista de Processo* n° 143 (2007): 13/25.

AMENDOEIRA JR., Sidnei. *Manual de processo civil* – vol. 1. 2. ed. São Paulo: Saraiva, 2012.

ANDRADE, Érico. A prescrição das pretensões de acidente de trabalho, o Novo Código Civil e a Emenda Constitucional n° 45/2004. In: *Repertório de Jurisprudência IOB*, n° 4 (2007): 108/114, Vol. II – Trabalhista e Previdenciário.

ARRUDA. Maria da Glória Chagas. *A previdência privada aberta como relação de consumo*. São Paulo: LTr, 2004.

ASSIS, Araken de. *Manual de execução*. 13. ed. São Paulo: RT, 2010.

BALBI, Celso Edoardo. *La decadenza nel processo di cognizione*. Milão: Giuffrè, 1983.

BALERA, Wagner (org.). *Comentários à lei de previdência privada*: LC 109/2001. São Paulo: Quartier Latin, 2005.

——. MUSSI, Cristiane Miziara. *Direito Previdenciário*. 9. ed. São Paulo: Método, 2012.

BARBOSA GARCIA, Gustavo Filipe. *Acidentes de trabalho*: doenças ocupacionais e nexo técnico epidemiológico. 4. ed. São Paulo: Método, 2011.

——. *Curso de direito do trabalho*. 4. ed. Rio de Janeiro: Forense, 2010.

——. *Curso de direito processual do trabalho*. 2. ed. Rio de Janeiro: Forense, 2012.

——. Prescrição de ofício: da crítica ao direito legislado à interpretação da norma jurídica em vigor. In: *Revista de Processo* n° 145 (2007): 163/172.

BARBOSA MOREIRA, J. C. *O novo processo civil brasileiro*. 24. ed. Rio de Janeiro: Forense, 2006.

——. La igualdad de las partes en el proceso civil. In: *Temas de Direito Processual* (Quarta Série). São Paulo: Saraiva, 1989, p. 67/81.

BARETTA, Valdir Cezar; BARETTA JR., Valdir Cezar. *Reabilitação profissional no CRP-Florianópolis*. Extraído do Repositório UFSC: <https://repositorio.ufsc.br/bitstream/handle/123456789/105001/REABILITA%C3%87%C3%83O%20PROFIS SIONAL%20NO%20CRP-FPOLIS.pdf?sequence=1>. Acesso em 02.02.2014.

BEDAQUE, José Roberto dos Santos. *Poderes instrutórios do juiz*. 3. ed. São Paulo: RT, 2001.

BERNARDO, Leandro Ferreira; FRACALOSSI, William. *Direito previdenciário na visão dos tribunais*. São Paulo: Método, 2009.

BERWANGER, Jane Lucia Wilhelm. *Previdência rural – Inclusão social*. 2. ed. Curitiba: Juruá, 2011.

———. FORTES, Simone Barbisan (coords.). *Previdência do trabalhador rural em debate*. Curitiba: Juruá, 2009.

BOMFIM, Vinícius Neves. *A estabilidade acidentária do trabalhador aposentado*. Extraído do *site* Migalhas <http://www.migalhas.com.br/dePeso/16,MI102993,91041-A+e stabilidade+acidentaria+do+trabalhador+aposentado>. Acesso em 10.02.2014.

BOTELHO, Guilherme. *Direito ao processo qualificado*. Porto Alegre: Livraria do Advogado, 2010.

BRANDÃO, Cláudio. *Acidente do trabalho e responsabilidade civil do empregador*. 2. ed. São Paulo: LTr., 2006.

———. Acidentes do trabalho – competência para julgamento da ação regressiva, decorrente de culpa do empregador. *Revista LTr*. 74-5/553 Vol. 74, n. 05, Maio de 2010.

BUZAID, Alfredo. Linhas fundamentais do sistema do código de processo civil brasileiro. In: *Estudos e pareceres de direito processual civil*. Notas de Ada Pellegrini Grinover e Flávio Luiz Yarshell. São Paulo: RT, 2002, p. 31/48.

CÂMARA LEAL, Antônio Luís da. *Da Prescrição e da Decadência*. 2. ed. Rio de Janeiro: Forense, 1959.

CAMBI, Eduardo. *A prova civil*: admissibilidade e relevância. São Paulo: RT, 2006.

CAPPELLETTI, Mauro. *La testemonianza della parte nel sistema dell'oralità*. Milão: Giuffrè, 1ª Parte, 1962.

———. Problemas de reforma do processo civil nas sociedades contemporâneas. In: *O processo Civil Contemporâneo*. Luiz Guilherme Marinoni (org.). Curitiba: Juruá, 1994.

CARNEIRO, Osvanor Gomes. *O direito do segurado a reabilitação profissional*. In: Âmbito Jurídico, Rio Grande, XV, n. 101, jun 2012. Disponível em: <http://www.ambito-juridico.com.br/site/?n_link=revista_artigos_leitura&artigo_id=11662>. Acesso em fev 2014.

CAVALIERI FILHO, Sérgio. *Programa de direito do consumidor*. São Paulo: Atlas, 2008.

COIMBRA, J.R. Feijó. *Acidentes de trabalho e moléstias profissionais*. Rio de Janeiro: Edições trabalhistas, 1990.

COSTA, Hertz J. *Acidentes de trabalho na atualidade*. Porto Alegre: Síntese, 2003.

———. Auxílio-Acidente. Extraído do *site* Acidente do trabalho <www.acidentedotrabalho.adv.br/doutrina/02.htm>, acesso em 12.04.2014.

CORREIA, Marcus Orione Gonçalves; CORREIA, Érica Paula Barcha. *Curso de direito da seguridade social*. 5. ed. São Paulo: Saraiva, 2010.

———. (coords.). *Direito previdenciário e Constituição*. Homenagem a Wladimir Novaes Martinez. São Paulo: LTr, 2004.

DALL´ALBA, Felipe Camilo. *Curso de juizados especiais*. Belo Horizonte: Fórum, 2011.

DIAS CAMPOS, José Luiz; DIAS CAMPOS, Adelina Bitelli. *Acidentes do trabalho*: prevenção e reparação. São Paulo, LTr, 1991.

DUARTE, Marina Vasques. *Direito previdenciário*. 7. ed. Porto Alegre: Verbo Jurídico, 2011.

FÉLIX JOBIM, Marco. *O direito à duração razoável do processo*. 2. ed. Porto Alegre: Livraria do Advogado, 2012.

FERREIRA BERNARDO, Leandro; FRACALOSSI, William. *Direito previdenciário na visão dos tribunais*. São Paulo: Método, 2009.

FISS, Owen. *Um novo processo civil*: estudos norte-americanos sobre jurisdição, constituição e sociedade. Carlos Alberto de Salles (coord.). São Paulo: RT, 2004.

GOLDSCHMIDT, James. *Teoria general del proceso*. Trad. Leonardo Prieto Castro. Barcelona: Editorial Labor, 1936.

GONÇALES, Odonel Urbano. *Manual de direito previdenciário*. São Paulo: Atlas, 1993.

GUEDES, Jefferson Carús; DALL´ALBA, Felipe Camillo; NASSIF AZEM, Guilherme Beux; BATISTA, Liliane Maria Busato (orgas.). *Novo código de processo civil*. Comparativo entre o projeto do novo CPC e o CPC de 1973. Belo Horizonte: Fórum, 2010.

HABSCHEID, Walther J. As bases do direito processual civil. Trad. por Arruda Alvin. In: *Revista de Processo* n° 11-12 (1978): 117/145.

JOLOWICZ, J. A. A reforma do processo civil inglês: uma derrogação ao "adversary sistem". Trad. por J. C. Barbosa Moreira. In: *Revista de Processo* n° 75 (1994): 64/75.

KEMMERICH, Clóvis Juarez. *O processo administrativo na Previdência Social* – curso e legislação. São Paulo: Atlas, 2012.

——. *Sentença obscura e trânsito em julgado*. Porto Alegre: Livraria do Advogado, 2013.

KNIJNIK, Danilo. *A prova nos juízos cível*: penal e tributário. Rio de Janeiro: Forense, 2007.

——. *O recurso especial e a revisão da questão de fato pelo Superior Tribunal de Justiça*. Rio de Janeiro: Forense, 2005.

KRAVCHYCHYN, Gisele Lemos. Do direito à continuidade de pagamento em casos de pedido de prorrogação do benefício de auxílio-doença. In: *Revista Jurídica da Universidade do Sul de Santa Catarina* n° 7 (2013): 203/210.

LACERDA, Galeno. *Despacho saneador*. Porto Alegre: La Salle, 1953.

LAZZARI, João Batista. *Prescrição e decadência no direito previdenciário*. Ensaio retirado do *site* Revista de Doutrina Tribunal Regional Federal da 4ª Região <http://www.revistadoutrina.trf4.jus.br/index.htm?http://www.revistadoutrina.trf4.jus.br/artigos/edicao055/Joao_Lazzari.html>. Acesso em 31.01.2014.

LUTZKY, Daniela Courtes. *A reparação de danos imateriais como direito fundamental*. Porto Alegre: Livraria do Advogado, 2012.

MACIEL, Fernando. *Ações regressivas acidentárias*. São Paulo: LTr, 2010.

MARINONI, Luiz Guilherme; ARENHART, Sérgio Cruz. *Prova*. 2. ed. São Paulo: RT, 2011.

——; MITIDIERO, Daniel. *Código de processo civil comentado*. 3. ed. São Paulo: RT, 2011.

MARTINEZ, Luciano. *Curso de direito do trabalho*. 2. ed. São Paulo: Saraiva, 2011.

MARTINEZ, Wladimir Novaes. *Comentários às súmulas previdenciárias*. São Paulo: LTr, 2011.

———. *Prova e contraprova do nexo epidemiológico*. São Paulo: LTr, 2008.

MARTINS, Sérgio Pinto. *Direito da seguridade social*. 34. ed. São Paulo: Atlas, 2014.

———. *Direito do trabalho*. 28. ed. São Paulo: Atlas, 2011.

———. *Direito processual do trabalho*. 22. ed. São Paulo: Atlas, 2004.

MENEZES, Cláudio Armando Couce de. A prescrição e os princípios da eventualidade e da efetividade. In: *Repertório IOB de Jurisprudência* n° 40 (1993): 185/186.

MILLAR, Robert Wyness. *Los principios informativos del proceso civil*. Trad. por Catalina Grossmann. Buenos Aires.

MITIDIERO, Daniel Francisco. *Colaboração no processo civil*. São Paulo: RT, 2009.

MONTEIRO, Antônio Lopes; BERTAGNI, Roberto Fleury de Souza. *Acidentes do trabalho e doenças ocupacionais*. 5. ed. São Paulo: Saraiva, 2009.

MORAES, Alexandre de. *Direito constitucional*. 11. ed. São Paulo: Atlas, 2002.

MUSSI, Cristiane Miziara. Os reflexos jurídicos do recebimento do auxílio-doença no contrato de emprego. In: *Revista de Direito Social* n° 34, abril/junho 2009, p. 61/86.

NASCIMENTO, Amauri Mascaro. *Direito contemporâneo do trabalho*. São Paulo: Saraiva, 2011.

NASCIMENTO, Tupinambá Miguel Castro. *Curso de direito infortunístico*. 2. ed. Porto Alegre: Sérgio Fabris, 1983.

NOVAES FILHO, Wladimir (org.). *Avaliação de incapacidade laborativa*. São Paulo: LTr, 1998.

OLIVEIRA, Sebastião Geraldo de. *Proteção jurídica à saúde do trabalhador*. 5. ed. São Paulo: LTr, 2010.

———. *Indenização por acidentes do trabalho ou doença ocupacional*. 4. ed. São Paulo: LTr, 2008.

OPITZ, Oswaldo; OPITZ, Silvia. *Acidentes do trabalho e doenças profissionais*. 3. ed. São Paulo: Saraiva, 1988.

PAIXÃO, Floriceno; PAIXÃO, Luiz Antônio C. *A previdência social em perguntas e respostas*. 40. ed. Porto Alegre: Síntese, 2004.

PEDROTTI, Irineu A.; PEDROTTI, Willian A. *Acidentes do trabalho*. 4. ed. São Paulo: LEUD, 2003.

PEREIRA DA COSTA, Maria Isabel; PEREIRA DA COSTA, Luciana. A responsabilidade ética do Poder Público e a Previdência Social. In: *Ética e a Previdência Pública e Privada*. Porto Alegre: Livraria do Advogado, 2010, p. 105/135.

PEREIRA LEITE, João Antônio G. *Estudos de direito do trabalho e direito previdenciário*. Porto Alegre: Síntese, 1979.

PÓVOAS, Manuel Soares. *Seguro e Previdência – na rota das instituições do bem-estar*. São Paulo: Green Forest do Brasil, 2000.

ROCHA, Daniel Machado; BALTAZAR JÚNIOR, José Paulo. *Comentários à Lei de benefícios da Previdência Social*. 10. ed. Porto Alegre: Livraria do Advogado, 2011.

ROQUE, André Vasconcelos; DUARTE, Francisco Carlos. *Mandado de segurança – comentários à Lei 12.016/09*. Curitiba: Juruá, 2011.

ROSITO, Francisco. *Direito probatório: as máximas de experiência em juízo*. Porto Alegre: Livraria do Advogado, 2007.

RUBIN, Fernando. *A preclusão na dinâmica do processo civil*. 2. ed. São Paulo: Atlas, 2014.

———. *Fragmentos de processo civil moderno, de acordo com o Novo CPC*. Porto Alegre: Livraria do Advogado, 2013.

———. Proteção jurídica frente ao acidente de trabalho: medidas preventivas e repressivas. In: *Teatro de sombras*: relatório da violência no trabalho e apropriação da saúde dos bancários. Organizadores Jácéia Aguilar Netz e Paulo Antônio Barros Oliveira. Porto Alegre: SindBancários Publicações, 2011, cap. 8, p. 121/131.

———. ROSSAL, Francisco. *Acidentes de trabalho*. São Paulo: LTr, 2013.

SAAD, Eduardo Gabriel. *Comentários ao código de defesa do consumidor*. São Paulo: LTr, 1998.

SANCHEZ, Adilson. *Advocacia previdenciária*. 4. ed. São Paulo: Atlas, 2012.

SANTANA ANDRADE, Verônica Chrithiane de. Alta programada de perícia médica criada pelo INSS é ilegal. Extraído do site Conjur: <http://www.conjur.com.br/2008-jun-18/alta_programada_pericia_medica_inss_ilegal>. Acesso em 31.01.2014.

SANTOS, Marisa Ferreira dos. *Direito previdenciário esquematizado*. São Paulo: Saraiva, 2011.

SANTOS, Moacyr Amaral. *Primeiras linhas de direito processual civil*. 11. ed. Vol. 2. São Paulo: RT, 1987.

SATTA, Salvatore. *Diritto processuale civile*. 2. ed. Padova: CEDAM, 1950.

SAVARIS, José Antônio. Coisa julgada previdenciária como concretização do direito constitucional a um processo justo. *Revista brasileira de direito previdenciário* n° 01, Ano 01, 2011: 65/86.

———. *Direito processual previdenciário*. 3. ed. Curitiba: Juruá, 2011.

SCARPARO, Eduardo. *As invalidades processuais civis na perspectiva do formalismo-valorativo*. Porto Alegre: Livraria do Advogado, 2013.

SCARPINELLA BUENO, Cassio. *Curso sistematizado de direito processual civil*. 3. ed. Tomo I, Vol. 2. São Paulo: Saraiva, 2010.

SCHMITT, Cristiano Heineck; BARBOSA, Fernanda Nunes. *Cadernos de direito do consumidor – parte geral*. Porto Alegre: Escola Superior de Defesa do Consumidor do Estado do Rio Grande do Sul, 2010.

SCHIMA, Hans. Compiti e limiti di uma teoria generale dei procedimenti. Trad. por Tito Carnacini. In: *Rivista trimestrale di diritto e procedura civile*, n° 7 (1953): 757/772.

SCHWARZ, Rodrigo Garcia. *Direito do Trabalho*. Rio de Janeiro: Elsevier, 2009.

SICA, Heitor. *O direito de defesa no processo civil brasileiro*: um estudo sobre a posição do réu. São Paulo: Atlas, 2011.

SILVA FILHO, Fernando Paulo da. Período de benefício não renovado pela previdência social. Extraído do site Migalhas: <http://www.migalhas.com.br/dePeso/16, MI177133,21048Periodo+de+beneficio+nao+renovado+pela+previdencia+social+s uspensao>. Acesso em 31.01.2014.

STRAPAZZON, Carlos Luiz; DI BENEDETTO, Roberto. Jurisdição constitucional: entre direitos sociais e fundamentais e a cláusula da "reserva do possível" na visão atual do poder judiciário. In: *Previdência Social – Aspectos Controversos*. Curitiba: Juruá, 2009, p. 45/60.

TSUTIYA, Augusto Massayuki. *Curso de direito da seguridade social*. 3. ed. São Paulo: Saraiva, 2011.

STUCHI, Victor Hugo Nazário. A Prescrição e sua decretação de ofício na Justiça do Trabalho. In: *Scientia FAER*, Olímpia – SP, Ano 1, Vol. 1, 2° Semestre. 2009. p. 82/91.

TEIXEIRA FILHO, Manoel Antônio. *A prova no processo do trabalho*. 10. ed. São Paulo: LTr, 2014.

THEODORO JÚNIOR, Humberto. *Curso de Direito Processual Civil*. 39. ed. Vol. I. Rio de Janeiro: Forense, 2003.

TOMASEVICIUS Filho, Eduardo. A prescrição qüinqüenal para cobrança de dívidas no Código Civil de 2002. In: *Revista dos Tribunais* n° 907 (2011): 31/58.

TOLEDO FILHO, Manoel Carlos. O novo § 5° do art. 219 do CPC e o processo do trabalho. In: *Revista TST*, Brasília, vol. 72, n° 2, maio/ago 2006. p. 67/71.

TORRES, Artur. *A tutela coletiva dos direitos individuais* – considerações acerca do projeto de novo CPC. Porto Alegre: Arana: 2013.

USTÁRROZ, Daniel; PORTO, Sérgio Gilberto. *Manual dos recursos cíveis*. 3. ed. Porto Alegre: Livraria do Advogado, 2011.

VERDE, Giovanni. La prova nel processo civile (profili di teoria generale). In: *Rivista di diritto processuale* n° 1 (1998): 1/25, anno LIII, seconda serie.

VIANNA, João Ernesto Aragonés. *Curso de direito previdenciário*. 3. ed. São Paulo: Atlas, 2010.

VILELA VIANNA, Cláudia Salles. *Previdência Social*: custeio e benefícios. 2. ed. São Paulo: LTr, 2008.

WAMBIER, Teresa Arruda Alvim. *O novo regime do agravo*. 2. ed. São Paulo: RT, 1996.

Impressão:
Evangraf
Rua Waldomiro Schapke, 77 - POA/RS
Fone: (51) 3336.2466 - (51) 3336.0422
E-mail: evangraf.adm@terra.com.br